経済の動きが100%
わかるようになる！

金利のしくみ
見るだけノート

監修
角川総一
Soichi Kadokawa

宝島社

経済の動きが100%わかるようになる！

金利のしくみ
見るだけノート

監修 | 角川総一 | Soichi Kadokawa

宝島社

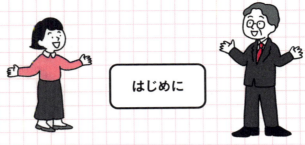

金利は思ったよりも身近なところにある

　「金利」と聞いて、皆様は何を思い浮かべるでしょうか？　住宅ローンを組んでいる方や、投資の経験がある方にはおなじみかもしれませんが、そうでない方なら「自分には関係のないもの」という印象を持っているかもしれません。
　「金利が上がった、下がった」というニュースを目にしても、普段の生活が具体的にどう変わるのかをイメージできなければ、興味を持つことが難しいのは当然のことです。

　一方で「物価」と聞いたらどうでしょうか？　金利よりも毎日の暮らしに直接的な影響を及ぼしそうなので、日用品や公共料金の値上がりのニュースには、多くの方が関心を抱いていることでしょう。
　しかし、この本の中でも詳しく解説しますが、実は物

価が上がったり下がったりするメカニズムには、金利の動きも少なからず影響しています。つまり、金利が動くしくみや、金利の動きが物価に与える影響を知っておけば、金利をチェックするだけで、これから先の暮らしがどう変化していくかを先取りすることができるというわけです。

　また金利は、物価だけでなく為替や株価、そして景気などあらゆる経済要素と密接に関わり合っています。「経済のしくみを知りたい」「お金に強くなりたい」という思いをお持ちであれば、ぜひ金利のしくみを身につけることをおすすめします。それだけ、金利が経済全体に与える影響は大きいのです。

　この本では、経済社会のあらゆるシーンに潜み、大きな影響力を持っている金利のしくみを、豊富なイラストや図解を使って解説します。この本をお読みになった皆様が、金利を味方につけて毎日の暮らしやビジネスをよりよいものに変えてくだされば、これに勝る喜びはありません。

　　　　　　　　　　　　　　　　　　　　角川総一

1200年前には存在していた！
金利ってどんなもの？

日常生活やニュースでよく耳にする「金利」。1200年前の日本にはすでに存在していたしくみを、ざっくりとつかみましょう！

POINT 1　ひと言でいえば「お金の貸し出し料」

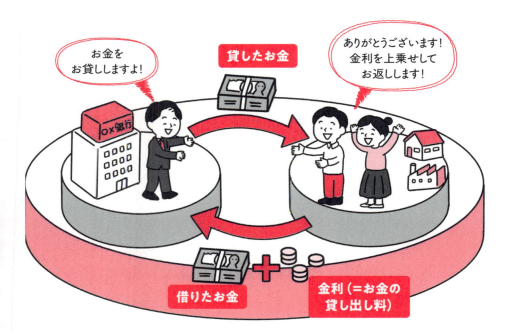

誰かにモノを貸したときに貸し出し料をもらうのと同じように、**誰かにお金を貸したときに発生する貸し出し料**のことを金利と呼びます。

1200年前の日本に存在した金利のしくみ

8世紀頃の古代日本にはすでに、「出挙」という制度で金利のしくみが存在していたといわれています。出挙では、農作物の生産に必要な種籾を、国や地方の有力者が農民に貸し付けていました。そして**借りた種籾を活用して農作物を生産した農民たちは、秋の収穫期に上乗せをして返済した**のです。これが、日本における金利の始まりだとされています。この頃から現在まで、**お金が足りない人は必要なお金を借りることができ、お金が余っている人は誰かに貸すことで金利が得られる**という、貸し手と借り手の両方にメリットがあることによって金利のしくみが成り立っているのです。

金利とは
将来のお金との交換条件

金利には、「今すぐにお金を借りる」ために「将来稼いで金利を乗せて返す」ことを条件にするルールがあります。

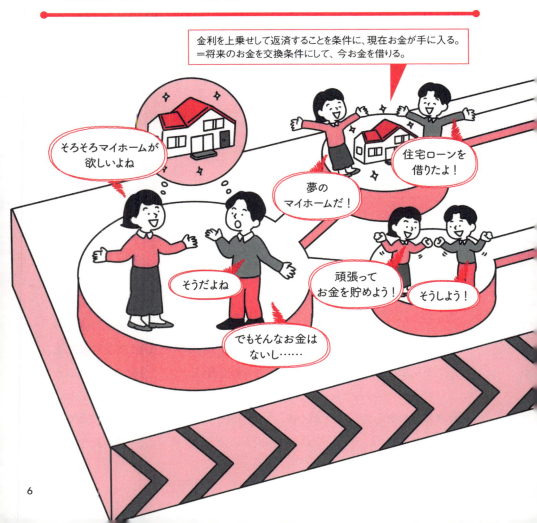

住宅ローンを例にとると「将来金利を上乗せして返済する」ことを条件に、今すぐにお金を借り、家を建てることができます。借りる側は欲しいお金が今すぐに手に入り、貸す側は金利を得られるというしくみのおかげで、個人や企業は大きな消費や設備投資ができるようになります。つまり、金利のしくみは人々の生活を豊かにし、経済を活性化させるうえで欠かせないものなのです。

金利がわかれば
世界の見方が変わる!

経済全体と深く結びついている金利のしくみを理解することで、日々の暮らしやビジネスに大いに役立てることができます。

お金を賢く借りられる
住宅ローンやカードローンなど、お金を借りる際には金利がついて回ります。金利のつき方や変動するしくみを学ぶことで、支払う金利を抑えたり、破産のリスクから身を守ることができるようになります。

経済の動きが100％わかるようになる！

金利のしくみ見るだけノート

Contents

はじめに ……………………… 2

1200年前には存在していた！
金利ってどんなもの？ ……… 4

金利とは
将来のお金との交換条件
……………………………… 6

金利がわかれば
世界の見方が変わる！ ……… 8

Chapter 1
知っておきたい金利のキホン

01 金利は「借りるとき」と「貸すとき」に分かれる
元金、元本、利率、利子、利息 ……………… 18

02 全ての投資は「金利・利回り」がものさしになる
利回り ……………………… 20

03 銀行預金で誰にも金利がついている
普通預金、定期預金、預け入れ期間 ………… 22

04 銀行はなぜ預金に金利をつけるのか？
住宅ローン、外国為替 …… 24

05 金利はどのようにして決まっているのか？
財務省、債券市場、日本銀行、政策金利、コール市場、コール金利 …………… 26

06 金利のつき方には「単利」と「複利」がある
単利、複利 ………………… 28

07 金利の契約には「固定金利」と「変動金利」がある
固定金利、変動金利 ……… 30

08 金利には「短期」と「長期」の2種類がある
短期金利、長期金利、10年国債、適用金利の見直し …… 32

09 日常の買い物の中にも金利のしくみが潜んでいる
ポイントサービス、割引 … 34

column No.1
漢字の成り立ちから読み解く
金利のルーツ ……………… 36

Chapter2
金利の変動にまつわるメカニズム

01 金利の変動には景気を動かす力がある
スタビライザー機能、預金金利、貸出金利 …… 40

02 金利が動くと誰が得をして誰が損をするのか？
両建て、資金循環勘定 …… 42

03 金利の基本的な変動要因は「お金の需給バランス」
マーケットメカニズム、少数派 …… 44

04 日本銀行は金利を間接的にコントロールしている
公定歩合、不足金融機関、余資金融機関、国債買いオペ、当座預金 …… 46

05 物価が上がれば「理論上は」金利も上がる
繰り上げ、節約、デフレマインド …… 48

06 インフレ率を加味して考える「実質金利」
名目金利、インフレ率、実質金利 …… 50

07 金利が「上がる」と株価は「下がる」
対照的、金利主導 …… 52

08 株価が「上がる」と金利も「上がる」
債券、株価主導 …… 54

09 金利変動の影響を受けやすい企業とそうでない企業がある
借り入れ、金利敏感銘柄、バリュー株、グロース株、ハイテク成長株 …… 56

10 なぜアメリカの利上げで円安が加速したのか？
為替市場、円安、外国債券 …… 58

11 為替相場が金利の動きに影響を与えるしくみ
為替相場、為替レート、輸入品 …… 60

12 経済のつながりを「4K1B図」でイメージする
4K1B図 …… 62

13 金利はリーマンショックをいち早く察知した
リーマンショック、住宅バブル …… 64

14 景気を読むには「何度も修正される経済指標」より「金利の動き」
経済指標、景気を読む …… 66

column No.2
老後生活者は「金利が下がると困る」 …… 68

Chapter 3
金利の代表選手！債券のしくみを理解する

01 10年国債利回りが金利の代表格
国債、サブプライムローン問題、債券利回り …………… 72

02 債券のイメージを八百屋の事例でつかむ
私設債券、100円あたりの価格、年利回り …………… 74

03 債券市場では多様な債券が取引されている
発行市場（プライマリー市場）、新発債、流通市場（セカンダリー市場）、既発債 …………… 76

04 10年債の利回りを計算してみよう
最終利回り、キャピタルゲイン、インカムゲイン …………… 78

05 なぜ金利が上がると債券の価格が下がるのか？
金利と債券価格の関係 …… 80

06 なぜ銀行は利回りがマイナスの国債を購入するのか？
マイナス利回り、適格担保 …………… 82

07 長期金利は短期金利の動きを先取りしている
先取り、先行指標 …………… 84

08 新発国債のレートをチェックする方法
日本国債の利回り推移、日本証券業協会 …………… 86

column No.3
「米国債の暴落」は本当に起こるのか？ …………… 88

Chapter 4
金利をコントロールするプレイヤーたち

01 「良い金利上昇」と「悪い金利上昇」とは何か？
良い金利上昇、悪い金利上昇 …………… 92

02 金利を左右する金融政策を定める中央銀行
中央銀行、金融政策、日本銀行法 …………… 94

03 金利を下げても景気が上がらない!?「金融政策ヒモ理論」とは
ゼロ金利政策、金融引き締め、金融緩和、金融政策ヒモ理論 …………… 96

04 日銀の影響力が下がってきたという見方がある
日銀の影響力、アベノミクス、内部留保 …… 98

05 FRBの政策が日本の金利にも影響を与える
FRB、世界の中央銀行、基軸通貨 …… 100

06 世界中が悩む「インフレを防ぐための利上げ」
インフレ、利上げ …… 102

07 政府の国債発行によって金利が動く
財政赤字、普通国債残高、政府短期証券 …… 104

08 巨大マネーで金利を動かす機関投資家
機関投資家、債券相場 …… 106

09 格付会社の評価で債券の金利が変わる
デフォルト、格付会社、リスクプレミアム …… 108

10 企業の資金需要は銀行の貸出金利と表裏一体
資金需要、貸出金利 …… 110

11 個人金融資産の行き先が金利に大きな影響を与える
家計、リスク資産 …… 112

column No.4
マイナス金利で「タンス預金」ブームが到来？ …… 114

Chapter5
金利の動向を経済予測に活用する

01 経済予測に活用できる3つの金利
政策金利、10年国債利回り、社債利回り …… 118

02 金利の行方を指し示す「イールドカーブ」
イールドカーブ、順イールド、逆イールド、フラットイールド …… 120

03 景気の波を動かす「信用サイクル」と「金融政策サイクル」
景気サイクル、信用サイクル、金融政策サイクル …… 122

04 信用サイクルは「銀行の融資姿勢」のサイクル
リスクオン、レバレッジ、リスクオフ、財務緊縮 …… 124

05 「社債スプレッド」を景気後退の予測に活用する
社債スプレッド …… 126

06 金融政策サイクルは四季にたとえられる
景気のバロメーター …… 128

07 長短金利差の縮小は景気減退のサイン
長短金利差、景気の先行指標 …… 130

08 名目GDPから長期金利の動向を読む
日銀の庭先、期待実質成長率、期待インフレ率、リスクプレミアム、名目GDP …… 132

09 なぜ日本の金利は欧米よりも低いのか？
日本の金利 …… 134

10 日銀の「金融政策決定会合」の結果に注目する
金融政策決定会合、経済・物価情勢の展望 …… 136

11 先物取引の価格から金利の動きを読む
先物取引、現物取引、差金決済方式 …… 138

12 金利と経済の動向を読み解く5つの経済指標
鉱工業生産、日銀短観、実質GDP1次速報、機械受注、消費者物価指数 …… 140

13 「要人発言」の受けとり方には要注意
要人発言 …… 142

column No.5
経済予測に大切な3つのステップ …… 144

Chapter6
暮らしに役立つ金利のしくみ

01 変動？それとも固定？住宅ローン金利の選び方
変動金利型、固定金利型、5年ルール、125%ルール …… 148

02 ローンの繰り上げ返済で家計の収支を改善する
繰り上げ返済、バランスシート …… 150

03 ローンの利率を下げる「借り換え返済」
借り換え返済 ……… 152

04 超高金利の外貨預金のカラクリ
外貨預金、預金保険制度 …… 154

05 固定金利商品に潜む「機会収益の逸失リスク」
機会収益の逸失リスク …… 156

06 リボ払いで陥る金利の罠
リボ払い ……… 158

07 上限を超えた「金利の過払い」は返還請求ができる
過払い金、改正貸金業法、消費者金融、質屋営業法 …… 160

08 高金利で手数料の低い「ネット銀行」を活用する
ネット銀行、フィンテック …… 162

09 一括前払いで支払いを減らせるお金
一括前納 ……… 164

10 いまだ高金利のまま！「旅行券」「百貨店友の会」積立
旅行積立、百貨店友の会積立 …… 166

11 どちらが得？「10％割引」と「10％ポイント還元」
ポイント還元、割引率 …… 168

12 マイナス金利のしわ寄せは預金者にも及ぶのか？
マイナス金利、口座維持手数料 …… 170

13 株式投資で重視される「配当利回り」
配当利回り、株式益利回り、配当性向 …… 172

14 不動産投資の利回りを計算してみよう
不動産投資、表面利回り、純利回り、年間純利益 …… 174

15 「実質利回り」を導き出して投資信託を比較する
投資信託、基準価格、騰落率、信託報酬 …… 176

column No.6
時代の変化を映し出す
さまざまな税金 ……… 178

金利の推移とほかのマーケットとの関連をチェックしよう！ …… 180

おわりに ……… 182

KEY WORD索引 ……… 184

主要参考文献 ……… 190

Chapter 1

KINRI NO SHIKUMI
mirudake notes

知っておきたい金利のキホン

金利は、多くの人が想像している以上に
私たちの身の回りにあふれているものです。
金利のしくみが世の中をどのように動かし、
私たちの暮らしやビジネスに
どのような影響を与えているのかを
紐解(ひもと)いていきましょう。

KEY WORD → ☑ 元金、元本、利率、利子、利息

01 金利は「借りるとき」と「貸すとき」に分かれる

お金を借りるときには金利を支払い、
お金を貸すときには金利を受け取ります。

私たちの身の回りにあるさまざまな金利は、大きく「借りる金利」と「貸す金利」に分けることができます。住宅ローンやカードローンなどを借りたときにつく金利は、お金を借りたときに支払う金利なので「借りる金利」です。**「金利○％」と表示されていたら、元金（借りた金額）に対する○％が金利となります。**たとえば、100万円を金利1％で借りる場合、元金100万円の1％＝1万円が金利です。お金を借りる側は、その貸借料として金利を支払うのです。

支払う金利と受け取る金利

借りる金利
住宅ローンやカードローンなどを借りたときにつく金利。「金利○％」と表示されていたら、元金（借りた金額）に対する○％を利子として上乗せして支払う。

一方で、私たちが株式や債券といった金融商品を買うなどして投資を行った場合には、投じた**元本**に対して「貸す金利」が発生します。お金を貸したときには、借りた側から貸借料を受けとることができるのです。また、銀行の広告や証券会社のパンフレットなど、金利についての情報が載っている資料を目にすると、「**利率**」「**利子**」「**利息**」といった似たような言葉をいくつも目にすることがあるでしょう。混乱してしまうかもしれませんが、実はそれほど明確に使い分けられているものではありません。利率は、利子計算の基準となる金利のことで、％で表示されます。利子は、利率によって算出された金額、つまり貸借料のことです。利息は、利子と同じ意味を持つ言葉ですが、借りる金利では利子、貸す金利では利息、といった使い分けがなされることもあります。

貸す金利
株式や債券といった金融商品を買うなど、お金を貸す側に立ったときに受けとることができる、投じた元本に対する金利。

金利とはお金の貸借料ですから、借りる側であれば支払い、貸す側であれば受けとることができるのです

KEY WORD ➡ ☑ 利回り

02 全ての投資は「金利・利回り」がものさしになる

異なる種類の投資であっても、
金利のものさしを使えば運用成績を比較できます。

株式、債券、不動産、FX（外国為替証拠金取引）など、世の中には多くの種類の投資がありますが、どれも「金利・**利回り**」が共通のものさしになっています。**利回りとは「元本が一定の期間に何％の収益を生んだか」を表す数字で、特にことわりがない場合は「利回り＝年利（1年あたり）」と考えて問題ないでしょう。** 金利・利回りというものさしを使うことによって、その投資がどれだけうまくいったのかを測ったり、投資すべきかどうかの判断をすることができるのです。

投資の成績を測る「共通のものさし」

株式と不動産という、異なる種類の投資を行ったときの成績を、金利・利回りのものさしを使って比較してみましょう。

① 100万円を株式に投資し、3年後に110万円で売却。

　その間に3回、合計1万1000円の配当金を得た。

② 銀行でローンを借りて賃貸アパートに投資をし、5年後に同じ価格で売却。

　元本の15％にあたる賃貸料収益も得られた。

①と②では投資した期間が異なり、②は元本の金額も明記されていません。しかし、どちらがうまく投資できたかを知りたいのであれば**「1年あたりで元本の○％の収益を得たか」さえわかれば比較が可能**です。このケースでは、①では1年あたり3.7％、②では1年あたり3％の利回りなので、①のほうが優れた投資だったといえます。

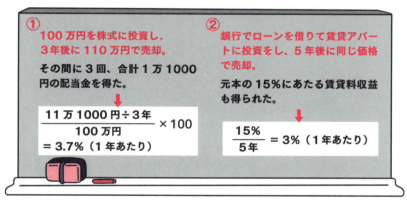

どちらの投資が優れている？

KEY WORD → ☑ 普通預金、定期預金、預け入れ期間

03 銀行預金で誰にも金利がついている

ほとんどの人は、銀行の普通預金によって
金利を受けとっています。

お金を借りるときに金利がつくことはイメージできても、「貸す金利」には縁がないと思う人もいるかもしれません。しかし**銀行の普通預金にも実は金利がついているため、ほとんどの人が「金利をつけてお金を貸した」経験を持っているといえます。**いつでも引き出すことができるので、銀行にお金を「預けている」という感覚が強くなりがちですが、預金とは、銀行にお金を「貸している」のと同じことなのです。

預金＝銀行にお金を貸している

銀行預金にも金利がついているの!?

ほとんどの人が、金利を受けとった経験を持っているといえるね！

預金というとお金を「預けて」いる感覚を強く持ってしまいますが、銀行にお金を「貸して」いるのと同じことなのです

2023年1月現在、普通預金の一般的な金利は年0.001％程度です。100万円を1年間預金すると10円の利息がつくという計算で、さらにそこから税金が引かれるため、支給されるのは8円ほどになります。そのせいもあって、預金に金利がついているという実感を得られる人が少ないのかもしれません。また、多くの銀行には、普通預金のほかにも「**定期預金**」というしくみが用意されています。1カ月、3カ月、1年など、**預け入れ期間**が定められている預金です。**普通預金のように、いつでも自由に引き出すことができない代わりに、普通預金よりも高い金利が設定されています。**

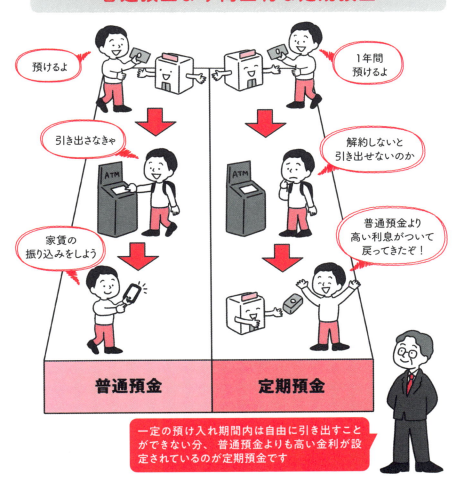

普通預金より高金利な定期預金

一定の預け入れ期間内は自由に引き出すことができない分、普通預金よりも高い金利が設定されているのが定期預金です

KEY WORD ➡ ☑ 住宅ローン、外国為替

04 銀行はなぜ預金に金利をつけるのか？

預金の金利はひと昔前と比べて下がってはいるものの、なぜ銀行は預金に金利をつけるのでしょうか。

銀行は、多くのお金を集めて、それを元手にしてさらに増やすという目的を持っています。**集めたお金を使って、企業への融資や個人へのローンなどの貸し付けで利息を得たり、株式や不動産などを売り買いして利益を上げている**のです。まとまったお金がなければ株式や不動産を買うことが難しいため、元手となるお金は多ければ多いほど有利になります。そのため銀行は、できるだけ多くのお金を集めたいという考えから、預金に金利をつけているのです。

預金は銀行のビジネスの元手

預金は、銀行がお金を集めるための大切な手段のうちの1つなので、多少の金利をつけるのはごく自然なことなのです。また、普通預金につく金利が年0.001％程度だと解説しましたが、**住宅ローン**の金利が仮に年1％だとすると、1000倍もの差があります。銀行は、このような**「借りるとき」と「貸すとき」の差から収益を生み出している**のです。預金のほかにも、ドルやユーロといった外国の通貨を両替する「**外国為替**」の手数料など、元手となるお金を集める手段を銀行はいくつも持っています。

KEY WORD → ☑ 財務省、債券市場、日本銀行、政策金利、コール市場、コール金利

05 金利はどのようにして決まっているのか？

「金利が上がる」「金利が下がる」といいますが、
金利は誰かが決めているものなのでしょうか？

金利にはさまざまな種類がありますが、それらはどのようにして決まっているのでしょうか？ Chapter 3で詳しく解説しますが、金利の世界では「債券」が強い存在感を放っています。**債券の場合、たとえば日本政府が国債を発行するときには、財務省が金利を決定します。ただしこの場合、「決める」というよりも「決まる」という表現のほうが近いといえます。**国債は、株式と同じように、**債券市場**の中で自由に売買されています。そのため、新しく発行する国債の金利を財務省が独断で決定することはできず、市場の動きを見ながら適切な金利を設定しなければならないので、「決まる」というほうが適切なのです。

市場価格に合わせて決まる「国債の金利」

26

また、Chapter 2で詳しく解説しますが、**日本銀行**が決定する「**政策金利**」は日銀が「決める」金利です。政策金利が決まるまでにはまず、日銀が民間銀行との間で国債を売り買いすることによって、日銀内の民間銀行の口座残高を変動させます。すると、銀行間での資金の貸し借りが行われている「**コール市場**」での取引の需給バランスが変わることで、「**コール金利**」が動くのです。この金利のことを政策金利といい、日銀が目指す金融政策を実現するために、国債の売り買いによってコントロールされているのです。私たちにとって身近な銀行預金や住宅ローンの金利も、この政策金利の動きに合わせた形で銀行が決定しています。

KEY WORD → ☑ 単利、複利

06 金利のつき方には「単利」と「複利」がある

お金の貸し借りで金利がつくとき、
「単利」と「複利」の2種類のつき方があります。

金利のつき方には、元本に対する金利だけがつき続ける「**単利**」と、元本についた金利にも次期の金利がつく「**複利**」の2種類があります。たとえば、100円を年2％の利率で誰かに貸した場合、1年後には2％分が上乗せされて102円になります。**単利であれば、次の1年も元本100円に対する金利のみがつくため、上乗せされるのは2円です。**一方で複利の場合、1年目に2％が上乗せされた「102円」に対して、次の年の金利がつくので、2年目は102円の2％にあたる2.04円が上乗せされることになります。

金利が雪だるま式に増える複利

つまり複利のしくみとは、「ついた金利を次の元本の中に組み入れる」しくみだといえるでしょう。単利と複利では、時間が経つにつれて大きな差が生まれていきます。たとえば、年2％の金利で100万円を誰かに貸したとしましょう。単利の場合、1年後には2％上乗せで102万円、2年後は104万円、3年後は106万円と、2％分＝2万円ずつ増えていきます。複利の場合は、1年後に2％上乗せされた102万円に対して金利がつくので、2年後には104万400円、3年後にはさらに106万1208円になります。3年後の段階で1208円の差が生まれ、20年経過後を比べると、その差は8万5947円にまで膨れ上がるのです。

時間が進むにつれてどんどん差がつく

元本：100万円　利率：年2%

	単利	複利	差
1年後	102万円	102万円	0円
2年後	102万円	104万400円	400円
10年後	120万円	121万8994円	1万8994円
20年後	140万円	148万5947円	8万5947円

金利に金利がつく複利のしくみでは、年数を重ねれば重ねるほど単利との差が開いていきます

KEY WORD → ☑ 固定金利、変動金利

07 金利の契約には「固定金利」と「変動金利」がある

お金を貸したり借りたりするとき、固定金利と変動金利、どちらを選ぶべきかを見極める必要があります。

金利の契約には、**金利がずっと変わらない「固定金利」**と、経済の状況に応じて**金利が変わる「変動金利」**があります。身近なところでは、銀行に一定期間お金を預ける定期預金の場合、固定金利か変動金利かを選べる商品があります。また、お金を借りる側に立つ場合にも、たとえば住宅ローンなどで固定または変動を選ぶケースが多くあります。

経済状況に合わせて「変わる」か「変わらない」か

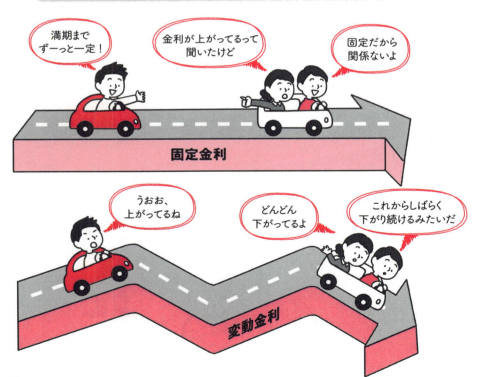

固定金利の中でも、ローンを組んでからの最初の10年間だけ固定で、それ以降は固定か変動かを選べる「10年固定金利選択」タイプなど、固定の期間を選べる商品も存在します。**固定金利か変動金利かを選ぶにあたっては、金利がこれからどのような動きを見せるのかを予測しながら、自分にとってメリットが大きいのはどちらであるのかを吟味しなければなりません。**「今後、金利の上昇が見込まれる」局面であれば、定期預金など「受け取る金利」の場合は固定金利だと不利になり、変動金利が有利です。住宅ローンなどの「支払う金利」の場合は固定金利が有利、変動金利だと不利になります。「今後、金利の低下が見込まれる」局面では、その全てが逆になります。Chapter 2以降で解説する、金利の動きを見通すポイントも押さえながら、メリットの大きいほうを選ぶことが大切です。

「固定か変動か」状況で変わる損得

KEY WORD → ☑ 短期金利、長期金利、10年国債、適用金利の見直し

08 金利には「短期」と「長期」の2種類がある

取引期間が1年未満の短期金利と、
1年以上の長期金利に分けられます。

金利は、取引期間の長さに応じて「**短期金利**」と「**長期金利**」に分けられます。**短期は1年未満、長期は1年以上の金利を指します。**短期金利は政策金利とも呼ばれ、P27で解説したように日銀がコントロールしています。普通預金や、1年未満の定期預金、変動型または短期の固定金利ローンの金利に影響を及ぼします。これらは、日銀の金融政策によって上下しているのです。

取引期間の長さが違う

長期金利の代表的な指標は、債券市場で取引されている「**10年国債**」の金利です。この金利は市場の需給バランスによって変動し、1年以上の定期預金や長期の固定金利ローンの金利に影響を及ぼします。短期金利と長期金利をめぐる動きは、私たちにとって身近な定期預金や住宅ローンの金利と密接に結びついているため、日々チェックしておくのがよいでしょう。たとえば、日銀の利上げ観測が高まり、短期金利が上昇傾向にあるという報道が出た場合は、預け入れ期間3年の定期預金を始めるとすれば、満期まで金利が変わらない固定金利型を選択するよりも、半年ごとに**適用金利の見直し**が行われる変動金利型を選択したほうが、受け取れる利息が多くなるかもしれないのです。

KEY WORD → ☑ ポイントサービス、割引

09 日常の買い物の中にも金利のしくみが潜んでいる

普段の暮らしの中にも、
金利の知識が役に立つ場面がたくさんあります。

金利の知識が役立つのは、預金や投資、ローンの検討を行うときだけではありません。私たちの毎日の暮らしの中で、金利の考え方を当てはめることができる場面は数多く存在するのです。モノを買うときの**ポイントサービス**や**割引**なども、金利につながっています。たとえば、ドラッグストアで、1000円の商品を10%割引の900円で買ったとすると、「900円×（1＋11/100）≒ 1000円」で、900円のお金が11％増えて1000円になったことになります。**月2回であれば、1年間に直すと2万1600円が2万4000円に増えたことになるため、つまり2万1600円を年利11％で運用したのと同じといえるのです。**

割引もポイントも金利に置き換えられる

割引
たとえば1000円のモノを10％引きの900円で購入したら、900円が11％増えて1000円になったという見方ができる。これは月に2回、1年間なら2万1600円を年利11％で運用して2万4000円に増やしたのと同じことになる。

また、行きつけの古本チェーンで、1カ月に300円の割引と100円のクーポンを使えば、1年間で見ると4800円分の節約になります。月に1500円(年間1万8000円)の買い物をしたとすると、4800円節約でき1万3200円。1万3200円が1万8000円になったと見れば、1万3200円を36％で運用したのと同じになります。**普段の生活で私たちは、100円のクーポンを使ったら、その日100円の節約ができたと考えていますが、ここで「期間」と「元本」という2つの要素を持ち込むことによって「金利・利回りのものさし」で測ることができます。**生活の中にあふれるお金のやり繰りを「金利・利回り」の尺度に置き換えることで、資産運用やローンの支払い、そして日々の消費など、家計を一連で捉えることができるようになるのです。

クーポン
400円のクーポンを月に1回使えば、1年間で4800円分の節約になる。月に1500円、年間1万8000円分の買い物をすれば4800円節約で1万3200円。1万3200円を年利36％で増やしたのと同じことになる。

固定費の削減
月7000円の通信料を4000円のコースに変更し1年間使用した場合、4万8000円を年利75％で運用し8万4000円に増やしたとも考えられる。

金利に置き換えれば、ほかの資産運用やローンの支払いと同じものさしで測れる！

「期間」と「元本」さえわかれば、金利の尺度に換算することができます

column
No.1

漢字の成り立ちから読み解く金利のルーツ

　お金に利子がつくことを意味する「金利」。実はこの言葉に使われている「金」と「利」という漢字のそれぞれの成り立ちを探っていくと、金利とは元来どういったものだったのかが見えてくるのです。

　漢字の起源を研究することに生涯をささげた白川静博士によれば、まず「金」は、鋳型に金属を流し込んだときの形からできた漢字だといいます。現在は金といえば黄金や金属を指す言葉ですが、もともとは金属の中でも銅のことを指していたとのことです。

次に「利」は「禾(か)」と「刀(りっとう)」を組み合わせた文字だといいます。「禾」はイネ科植物のアワを表しており、中国では穀物一般を指す言葉でした。刀で禾(穀物)を刈りとる形を示すのが「利」だというわけです。

つまり「金利」とは、刀で穀物を刈りとるということ。そして刈りとった穀物が儲(もう)けとなるため、「儲け」すなわち「利益」の意味へとつながっていったようです。

金利という概念の始まりは、古代メソポタミアで行われていた種籾の貸し借りだとされており、そうであれば漢字のルーツとも一致します。

日本での金利の始まりは、P5で解説した「出挙」だといわれています。春に種籾を貸し、秋の収穫期に利子分を上乗せして返済させるしくみですが、地方の有力者が農民に強制的に貸し付けを行い、一時期は50%もの高い利子をとっていたという記録も存在します。

Chapter 2

KINRI NO SHIKUMI
mirudake notes

金利の変動にまつわるメカニズム

金利は、さまざまな要素から影響を受けて
日々変動するものです。
また、金利が動くことによって
ほかの経済指標が動くこともあります。
どんなときに金利が動くのか、
金利が動いたら何が起きるのかを見ながら、
経済全体の密接なつながりを確認しましょう。

KEY WORD ➡ ☑ スタビライザー機能、預金金利、貸出金利

01 金利の変動には景気を動かす力がある

金利には、社会全体のお金の流通量を操作する役目があります。その結果、景気に大きな影響をもたらします。

金利には、景気の過度な変動を調整する**スタビライザー機能**が備わっています。たとえるなら、水の供給量を調整する水道管のバルブのようなイメージ。バルブを緩めると水流が強くなり、締めると水流が弱くなるように、銀行は金利を使ってお金の流通量、そして景気を調整しているのです。**理論上は、金利を下げるとお金の流通量が増えて景気がよくなり、反対に金利を上げるとお金の流通量が減少し、景気が落ちつきます。**個人の預金が銀行を通して企業へと渡る道筋を例にして、金融政策の効果を確認しましょう。

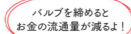

金利はバルブの役割を果たす

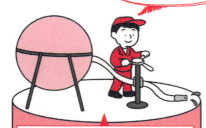

**金利を上げる＝バルブを締める
⇒景気 DOWN**

金利を上げることは、社会に出回るお金の量を減らす効果があります。そのため、行きすぎた景気を引き締めることができます。

**金利を下げる＝バルブを緩める
⇒景気 UP**

金利を下げると、社会でお金が多く循環して経済が活発化します。そのため、低迷した景気を回復させる効果があります。

40

まず、個人と銀行間には**預金金利**、銀行と企業間には**貸出金利**が発生します。このときの銀行の利益は、貸出金利から預金金利を差し引いた金額です。たとえば、銀行が金利を上げると、個人はできるだけ多くの現金を預金に回し、貯蓄をするようになります。すると銀行は利益を確保するために、貸出金利も上げる必要があります。その影響を受けて、企業は今までよりも高金利で借金をしなければならなくなり、借り入れを希望する企業が減少。こうして社会に出回るお金の量が少なくなることにより、景気が低下するのです。反対に金利を下げると、個人は預金をやめて消費に回し始め、企業も積極的に借り入れるようになるため、経済活動が活発化し、景気の回復が見込めます。この金利の調整機能がうまく作動しないと、過度なインフレやデフレへとつながってしまうのです。

2 金利の変動

金利の上下が景気をコントロール

KEY WORD → ☑ 両建て、資金循環勘定

02 金利が動くと誰が得をして誰が損をするのか？

多くの人は、預金を持ちながら負債を負っています。この状態で金利が変動すると、誰が得をし、誰が損をするのでしょうか。

お金の貸し借りには貸し手と借り手がいるものですが、金利が変化すると、どちらかが得をして、どちらかが損をすることになります。たとえば、金利が上げられた場合には、得をするのは貸し手で、損をするのは借り手です。では、この借り手と貸し手とは誰のことなのでしょうか。実は社会のほとんどの人は、どちらでもあるといえます。**多くの人は銀行にお金を預けながら、ローンを組んだり奨学金を借りたりしているでしょう。このような状態を両建てといい、金利によって得をするか損をするかのポイントは、このバランスであるといえるのです。**

「両建て」とは？

たとえば、**金利が上がった際に得をするのは、借入額よりも貸出額のほうが多い人。返済のために支払う金利よりも、回収する金利のほうが多くなるためです。**では、超低金利政策を進める今の日本では、金利が上がると誰が得をして、誰が損をするのでしょうか。そこで指標になるのが、日本銀行が四半期毎に公表している**資金循環勘定**です。この資料では個人、一般企業、政府がどれくらいの金額を貸し借りしているかを確認できます。2022年3月末のデータでは、個人の預金がおよそ980兆円に対して借入額がおよそ360兆円。つまり個人は、金利が上がると得をする計算です。一方で企業は、預金が約320兆円で負債が約470兆円。政府は、預金が約860兆円なのに対して負債が約1500兆円にも上ります。企業や政府にとっては、金利の上昇が大きな痛手になることがわかるのです。

金利上昇時の損得は「資金循環勘定」でわかる

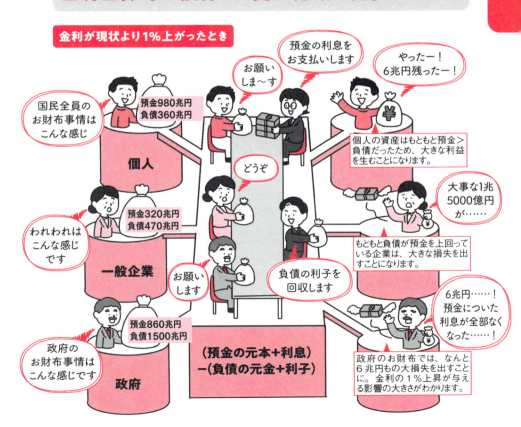

KEY WORD → ☑ マーケットメカニズム、少数派

03 金利の基本的な変動要因は「お金の需給バランス」

金利が上がったり下がったりする原因には、モノの物価が変動するのと同様に、需要と供給のバランスが関係しています。

基本的に、金利が上がるときと下がるときは、人々がお金を欲しているかどうかによって決まります。これは一般的なモノの価格が決まる場合と同様の現象です。たとえば、1台10万円のパソコンを100台分売り出すとき、500人の人々が欲しがったら1台12万円、15万円……と価格は上がり、買い手が諦めるギリギリ手前の金額にまで高騰していくことが予想できるでしょう。このように、モノの供給に対して需要が増えている場合には、価格は高騰していくのです。金利の場合も、お金を借りたい人が多いときほど、金利は上がっていくものなのです。

市場には需給バランスが存在する

反対に、100台分のパソコンを生産し、50人しか買い手が見つからなかった場合には、販売元は商品を売り切るために価格を9万円、8万円……と下げていくもの。金利の場合も同様に、借り入れを希望する人が少なければ下がっていくのです。このように、金利が需要と供給のバランスによって変化していくことを**マーケットメカニズム**（市場原理）といいます。このしくみのポイントは、常に**少数派**の人が有利な立場にあることです。**お金の供給量に対して需要が増えているときには、貸金業を営む人が圧倒的に強い立場になり、需要が減っているときには利用者が強い立場になるのです。このように、金利は政府や日銀が一方的に決めるものではなく、社会生活を送る人々の動向によってバランスが保たれているのが基本なのです。**

市場原理では少数派が得をする

KEY WORD → ☑ 公定歩合、不足金融機関、余資金融機関、国債買いオペ、当座預金

04 日本銀行は金利を間接的にコントロールしている

日銀は金利を直接的に決定しているわけではなく、市場の需給バランスを調整することで金利を操作します。

日銀は金融政策を遂行する唯一の金融機関です。かつて日銀は、金利を具体的に提示する**公定歩合**を主な手段としていましたが、現在はコール金利（P27）を主な金利政策として採用しています。これは金融機関だけが参加できるインターバンク市場の中核に位置する、コール市場（P27）での取引の中で金利が決まるシステムのこと。コール市場とは、貸し出し額が預金額を上回る銀行（**不足金融機関**）と預金が余っている銀行（**余資金融機関**）が、資金の過不足を調整するために、超短期でお金を貸し借りしている市場です。

金融機関は短期で資金を融通し合う

不足金融機関
みずほ銀行や三井住友銀行のようなメガバンクでは、日々の取引において借入額が預入額を上回るため、一時的にほかの銀行からお金を借り、まかなう必要があります。このような銀行を不足金融機関といいます。

余資金融機関
地方銀行などの中小規模の銀行では、比較的余裕のある銀行が多いため、不足金融機関に一時的に資金を貸し出しています。このような銀行を余資金融機関といいます。

コール金利は、このコール市場で行われた1日の取引の需給バランスによって決定されます。日銀は、この金利を操作したいとき、コール市場に介入して狙った金利に近づける操作を行います。では日銀はどのようにコール市場に介入しているのでしょうか。日銀の業務の1つには、各金融機関から国債を買い取る**国債買いオペ**があります。これは各金融機関が日銀に必ず所有している、日銀の**当座預金**を通してやりとりされるもの。国債の買い付け代金は、この口座に振り込まれます。**つまり日銀は、この口座残高が増えるように調整すれば、コール市場の需要減により金利を低下させることができ、逆の操作を行えば、金利を上げることができます。**日銀はこのようなしくみで金利を変動させているのです。

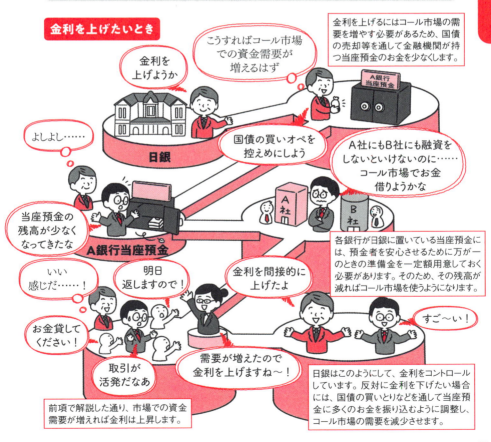

KEY WORD → ☑ 繰り上げ、節約、デフレマインド

05 物価が上がれば「理論上は」金利も上がる

近頃の日本では「物価が上がると金利も上がる」という基本的な法則が崩れようとしています。

これまでの経済では、物価の変動と金利の変化は、一般的に同じような動きを辿るといわれてきました。**物価が上がると金利も上がり、物価が下がると金利も下がるというのが基本的な理論です。**たとえば、新車を買おうと考えているときに、徐々に物価が上がり始めたとします。すると資金が十分に準備できていなくても、貯金を崩したりローン等を組んだりして、できるだけ早く購入しようと考える人が多いでしょう。すると銀行は、借り入れの需要が増えたことや、お金が減ってしまった銀行に人々から預金を集めるために、金利を上げます。

「物価が上がれば金利も上がる」理論

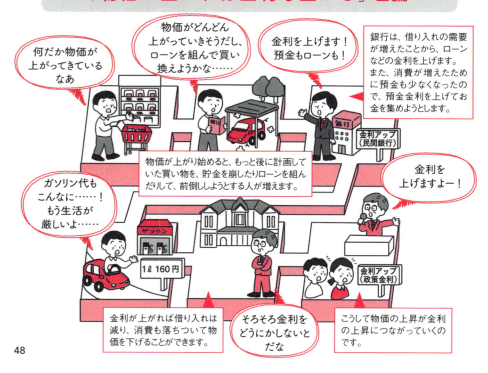

48

そして物価が一定の水準にまで上がると、人々の生活は苦しくなり、その結果、景気が悪化。すると日銀は、物価の上昇を食い止めるために政策金利を上げるのです。しかし近年の日本経済では、この理論が通用しなくなってきているといわれています。物価が上がっても金利が上がりにくくなっているのです。**その理由は、消費者の意識の変化。上記の理論では「消費者は物価が上がり始める＝繰り上げて買う」ということが前提となっていましたが、近年の消費者は「物価が上がり始める＝節約する」という選択をする人が増えてきました。**長引くデフレによって「物価は上がらないもの」といういわゆる**デフレマインド**が染みついていることや、先行きの不透明さから消費に歯止めがかかってしまうのです。また、ネットオークションやフリマアプリ等で、新品にこだわらなくてもモノが手に入るしくみができたことも理由の1つといえるかもしれません。

染みついたデフレマインド

KEY WORD → ☑ 名目金利、インフレ率、実質金利

06 インフレ率を加味して考える「実質金利」

お金を運用するときには、金利だけで損得を考えるのでは不十分。物価の変動も考慮する必要があります。

P42では、金利が変動すると誰が得をするのかについて解説しました。**しかし実際に金利における損得を考えるときには、定められた金利だけを気にするのではなく、物価の変動も考慮する必要があります。** たとえば、金利1%のときに300万円の貯金があり、300万円の車を買おうと検討するとします。このとき、物価がしばらく変動しないという見立てがあれば、購入を1年待つと預金は303万円に増えます。一方で車の値段は変わらないので、結果的に3万円分、得をすることになるでしょう。

実質金利とは？

実質金利 = 名目金利（あらかじめ定められている金利） − インフレ率（物価上昇率）

インフレ率（1年間でどれくらい物価が上昇したかを示す数値）を考慮に入れることで、実質的な金利を知ることができます

ではこのとき、1年後には物価が3%上がるという見立てがあった場合にはどうでしょうか。預金は300万円から303万円に増えますが、車の値段は309万円に。結果として6万円の損失を出してしまうのです。この「金利〇%」といったあらかじめ定められた金利のことを**名目金利**、物価の変動を**インフレ率**（物価上昇率）、そして物価の変動を考慮した金利のことを**実質金利**といいます。上記の例で計算したように、**実質金利は（名目金利）ー（インフレ率）という計算式で導き出すことができる**もの。お金を借り入れたり資産を運用したりする際には、この実質金利に着目して判断することが大切だといえるでしょう。

損をしないためには実質金利を見る

KEY WORD → ☑ 対照的、金利主導

07 金利が「上がる」と株価は「下がる」

金利の変動は一般的に、株価にも影響を与えます。
金利の動きと株式市場は密接に関わり合っているのです。

金利の変動と株価の変動にも因果関係があります。一般的には、先に金利が上がったときには、その結果として株価は下がるとされています。その主な理由は2つ。まず1つ目は、これまでの解説の通り、企業にとっては金利の上昇はコストの増大につながるものだからです。**金利が上がると企業はお金を借り入れにくくなり、事業拡大に消極的になります。そして利益や売り上げが減少し、業績が悪化。その結果、株の売却が増えて株価が下がるのです。**

金利主導の株価の変化

52

2つ目の理由は、資産を現金で持つことのメリットが大きくなるためです。金利が高いときには、現金を銀行に預ければ自然とお金が増えていきます。そのため、株式を売り現金に交換しようとする動きが拡大。その結果、株式を手放す人が増え、価値が下がっていくのです。反対に金利が下がると、株式の価値は上昇していく傾向にあります。企業が資金の借り入れをしやすい環境になることで利益や売り上げが増え、預金しようと考える人が増えるためです。また個人にとっても、資産を預金で持つことのメリットがあまりなくなるため、預金を株式に交換しようとする動きが拡大していきます。このように、金利の変動と株価の変化は、シーソーのように**対照的**な動きをするものなのです。**ただし注意が必要なのは、ここで解説した内容は、金利主導の株価の変化であること。株価の変化が主導する場合には、これらは全く異なる関係性になります。**

金利が上がると株価が下がる理由

KEY WORD → ☑ 債券、株価主導

08 株価が「上がる」と金利も「上がる」

株価が先に変化した場合には、金利は株価と同じような変化の仕方になると考えられています。

P52では金利の変動が株価に与える影響について解説しました。では株価が先に変動した場合、金利はどのような影響を受けるのでしょうか。株価が上がった場合で考えてみましょう。株価が上昇しているときには、企業や投資家たちは利益を得ようと株式を積極的に買うようになります。その際には、**現金だけでなく、持っている債券を株券に変えようとする人が多いのがポイントです。** Chapter 3で詳しく解説しますが、債券とは国や企業などが資金を調達するために発行している証券のことです。

金利変動のカギを握る債券

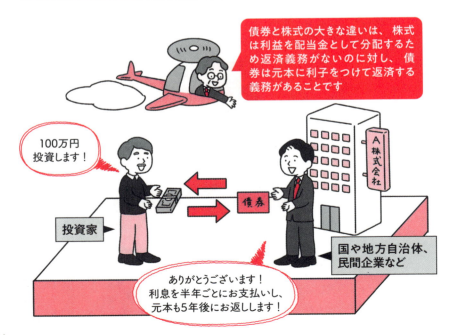

債券は、企業に投資した元本とそれに合わせた利息を、期限までに支払うことを約束している手形のようなもので、売買されている価格は株式と同じように日々変動していることが特徴です。そのため、債券を持っている投資家たちは、株価が上昇している傾向が見えると「この債券を株券に振り替えたほうが大きな利益を得られるだろう」と考え始めます。その結果、債券の需要が減っていき価格は低下。それにしたがって、利回りは上がっていきます（※債券価格と利回りの関係性については、P80-81参照）。**つまり株価主導で動くときには、金利も同じ動きを辿ることになるのです。**しかし、日本経済においてこの因果関係が見られたのは、実は2013年頃まで。2013年から日銀の大規模な金融政策が始まり、金利が下げられたために、**株価主導**で金利が変化していた経済環境が、金利主導の形式へと変わっていったのです。

株価が上がると金利も上がるしくみ

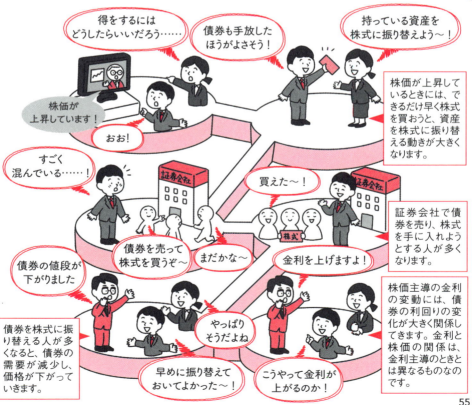

KEY WORD → ☑ 借り入れ、金利敏感銘柄、バリュー株、グロース株、ハイテク成長株

09 金利変動の影響を受けやすい企業とそうでない企業がある

金利の影響を受けやすいかそうでないかには、
借り入れの多さや株式市場からの評価が関係しています。

市場には、金利変動の影響を受けやすい企業と、それほど影響を受けない企業が存在します。このような違いが出る原因は主に2つあります。1つ目は、その企業の規模に対して**借り入れ**が多いかどうかです。**金利が上昇すると、借り入れていた分の利子が増え、企業は支出が多くなるので業績が悪化します。すると、株が売りに出され、株価が下がってしまいます。**このように、借り入れが多く、金利の上下によって業績が大きく変動しやすい企業は**金利敏感銘柄**と呼ばれ、ガスや不動産、電力会社などがそうした傾向にあります。

借り入れが多すぎると金利上昇に弱くなる

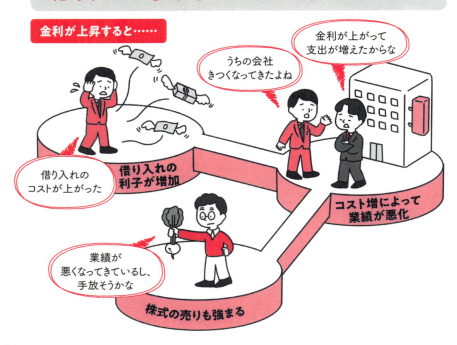

2つ目は、企業価値に比べて株価が割安か割高であるかの違いです。株式市場には**バリュー株**と**グロース株**があり、前者は企業全体の経済的価値を金額で示した企業価値に対して株価がそもそも割安なため、金利が上昇してもさほど影響を受けません。一方で、後者は**企業価値に対してその将来性を見込んで株価が割高になっています。そのため、金利が上昇するとその分のコストがかかり、業績が悪化して成長のペースが鈍ることによって株価が低下**してしまいます。ハイテク企業やインターネット関連の企業などがグロース株に当たることが多く、それらは**ハイテク成長株**とも呼ばれています。

KEY WORD → ☑ 為替市場、円安、外国債券

10 なぜアメリカの利上げで円安が加速したのか？

外国の利上げで円安が加速するしくみは、
外国債券への投資において非常に重要なポイントです。

為替市場は金利の動向に大きく影響されます。そのため、近年アメリカの金利が上がるにつれて**円安**が進みました。どのようなメカニズムによって、金利が為替に影響を与えるのでしょうか？　**アメリカの金利が高くて日本の金利が低いとき、より高い利回りを稼ぐために、アメリカの債券への投資の人気が高まります。**金利の低い円を売り、金利の高いドルを買うという動きが出てくることによって、為替市場は円安ドル高の状態になるのです。アメリカが利上げをすると円安が加速するという現象は、こうして説明ができます。

アメリカの利上げで円安が進むしくみ

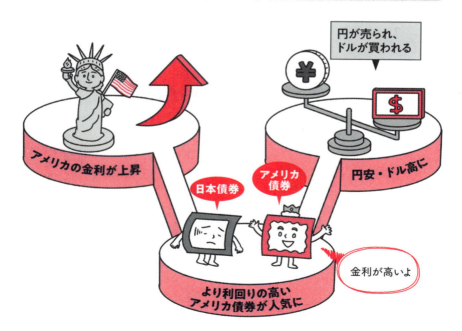

58

このしくみは**外国債券**への投資をするうえで重要なポイントです。たとえば、アメリカ国債を保有しているときにアメリカが利上げを行うと、円安ドル高となって為替では儲かります。しかしこのとき、債券の価格はどうでしょうか？**金利が低いときに買った債券よりも、金利が高いときに買った債券のほうが利回りがよいため、低金利時の債券を売ろうとしても、買ったときと同じ値段ではなかなか売れなくなります。**そして、何とか売るために債券の値段を下げて売ることに。こうなると、債券の価格は下がってしまっているのです。つまり、金利が上がると為替では儲かりますが債券の価格は下がり、真逆の状態になります。**実はこの状態だからこそプラスとマイナスの要素が補い合い、外国債券への投資の収益が安定するのです。**

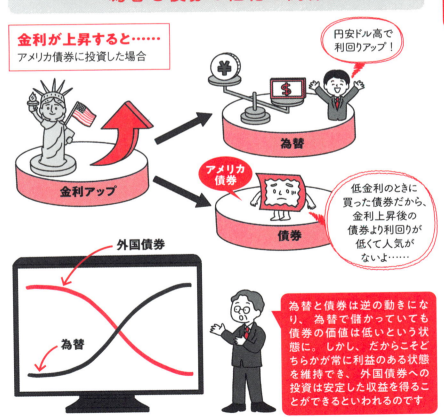

為替と債券の価格の関係

KEY WORD → ☑ 為替相場、為替レート、輸入品

11 為替相場が金利の動きに影響を与えるしくみ

為替相場が動くと日本の物価も動き、
それが金利の変動へとつながっていきます。

輸出入による海外との取引がキーポイントとなる日本の経済は、外貨と円の交換比率である為替相場が非常に重要になってきます。なぜなら、取引する品物の価格がその時々の**為替相場**によって変動するからです。まず**為替レート**が**円高になると、製品をつくるために輸入した原材料の価格が下がるので、その原材料でつくった製品自体の価格も下がり、物価が低下します。そして物価が下がると金利も下がる**という流れです。またこのとき、低価格の**輸入品**に対抗して、国内製品も価格を下げざるを得ない状況になります。

通貨高⇒物価低下⇒金利低下

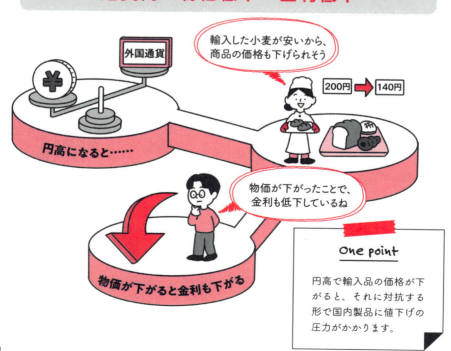

外国通貨

輸入した小麦が安いから、商品の価格も下げられそう

200円 → 140円

円高になると……

物価が下がったことで、金利も低下しているね

物価が下がると金利も下がる

one point

円高で輸入品の価格が下がると、それに対抗する形で国内製品に値下げの圧力がかかります。

60

円安のときはその逆で、輸入した原材料の価格が高いので、つくられる製品の価格も高くなります。輸入品の価格も上がれば、国内製品はそれに引っ張られる形で値上がりし、物価が上昇して金利も上がるのです。**為替相場の変動が物価に影響を及ぼし、物価は金利に影響するので、間接的に為替相場は金利に影響するといえます。** また、P58で解説したように、金利の変動が為替相場に影響するということもいえます。この場合、外国の金利が上がり日本の金利が相対的に下がると円安に、外国の金利が下がり日本の金利が相対的に上がると円高になります。ただし、為替相場の変動には金利の動きだけでなく、そのほかのさまざまな条件（政情、株価、貿易収支など）も関わっているということに注意が必要です。

通貨安⇒物価上昇⇒金利上昇

KEY WORD → ☑ 4K1B 図

12 経済のつながりを「4K1B図」でイメージする

4K1B図を見ると、経済全体がどのような関わり合いによって動いているのかを確認できます。

ここまで、金利の動きが株価や為替相場等ほかの要素とどのようにつながっているかを解説しましたが、それを一覧で確認できる全体図が「**4K1B図**」です。**4Kとは「景気」「為替」「金利」「株価」のことで、1Bは「物価」のことを指しています。これら5つの経済要因の間に働いている基本的な因果関係をひと目で確認することができるのです。**ある金融商品の収益がどんな経済要因の影響を受けて動くのかなどをひと目で確認できるので、経済全体を身近なものとして捉えることができるようになるでしょう。

経済を学ぶには身近な事例から

4K1B図を見ると、景気を始点に線が伸び、ほかの全ての要素に影響を与えています。つまり、景気が経済それ自体を表しているといえます。いくつかの流れを見てみましょう。1つは景気が金利に影響を及ぼし、金利は物価・商品と株価に影響を及ぼしています。つまり、金利収益となる預貯金や長期国債は景気に左右され、金銀や食品などの価格と株式投資は景気と金利に左右されてその価値が変動するのです。もう1つ取り上げると、景気が物価・商品に影響を及ぼし、物価・商品は為替に影響を及ぼしています。そうして物の値段が上昇・低下し、外国との取引の際に重要な為替相場が変動するというしくみになっているのです。

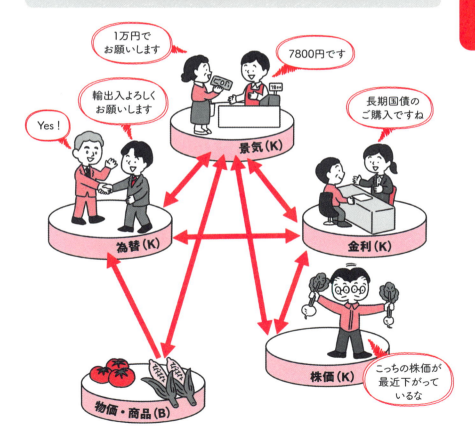

経済全体を俯瞰できる4K1B図

KEY WORD → ☑ リーマンショック、住宅バブル

13 金利はリーマンショックをいち早く察知した

金利の変動をチェックしていると、
これからの景気を予測し備えておくことが可能になります。

サブプライムローン問題という住宅バブルの崩壊に端を発し、アメリカの大手金融機関であるリーマン・ブラザーズが経営破綻したことで起こった**リーマンショック**。これによりアメリカの景気後退が露見し、世界的な株価暴落と金融危機がもたらされました。そこでアメリカの議会は公的な資金で金融機関の負債を補おうとしますが下院で否決され、史上最大の株価暴落という事態に。また、**アメリカ以外の主要国は住宅バブルの崩壊など知らず、好景気が続くと考えていたために景気後退への対応が遅れ、各国の株式市場が暴落した**のです。

世界を巻き込んだリーマンショック

世界各国に衝撃を与えたリーマンショックですが、実は金利の変動に注目すると、それを予見できたかもしれないのです。景気の後退局面と回復局面の金利・商品・株式の動きを見てみましょう。まず後退局面に入る直前に高値をつけて下落に転じたのは、金利が2007年6月、商品相場が2007年10月、株式が2008年7月です。次に回復局面に入る直前に安値をつけて上昇に転じたのは、金利が2008年12月、商品が2009年3月、株式も2009年3月です。**どちらの場合も金利が一足先に反応しているのがわかります。このように、金利は景気の変動を敏感に察知し、これからの流れを知る一番の手がかりであるといえるのです。**

金利は景気の変動に敏感

KEY WORD → ☑ 経済指標、景気を読む

14 景気を読むには「何度も修正される経済指標」より「金利の動き」

金利の動きは、今の景気を判断するのに非常に有効です。
ほかの経済指標との違いはどこにあるのでしょうか？

経済指標とは、各国の政府や中央銀行が発表する経済の活動状況の統計データです。経済活動において重要な役割を持つ金利や景気、雇用などの要因を数値化した指標で、経済状況の把握には非常に重要です。しかし、**この経済指標では、現在の景気を読むのは難しいといえます。なぜなら、何度も改定や修正があり、指標が確定するまでにかなりの時間を要するため**です。中には現在の景気を判断するのに適した指標もありますが、判断したい内容によって指標を使い分けなければならないため、慣れが必要なのです。

経済指標の特徴

最終的な判断に時間のかかる経済指標よりも、景気を読むのに適しているのが金利です。金利にもいろいろと種類はありますが、いずれも日ごとの情報を得ることができ、その情報は改定されることがないので、現在の景気を読むのには持ってこいといえるでしょう。さらに、**影響を受けるような個別の要因が少ないので判断しやすいというのもポイント。速くて確かなうえに、ほかの要因に左右されない金利は、かなり有効な手段だといえます。**現在の景気を読むだけでなく、過去の景気を読むのにも適しており、経済指標よりも明確で扱いやすいので初心者にもおすすめです。

現在の景気を読むなら金利に注目

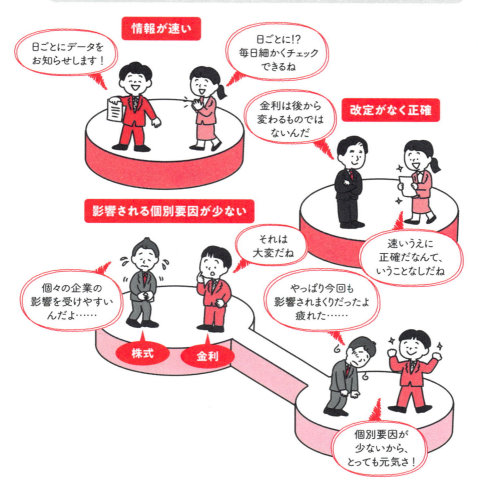

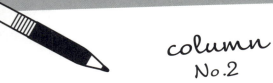

column No.2

老後生活者は「金利が下がると困る」

　定年後、貯めていた預金や定期的に受け取る年金で生計を立てている老後生活者は、実は金利変動の影響を大きく受けます。退職金やそれまでの貯金を、定期預金や個人向けの国債などで運用し、金利収入を得ている人が少なくないからです。

　金利が上がればそれに準じて金利収入も増えますが、逆に下がっている場合は受け取る収益も下がります。
　日本経済がのびやかに成長を続ける1990年代には、3カ月の定期預金の金利が2％以上、10年物国債利回

りは5％に近づくなど、現在では考えられないほど高い金利がついていた時期もありました。その場合、たとえば、貯金や退職金で用意した2000万円を年5％で運用すると、年間100万円、1カ月あたり約8万円の金利収入が得られます。

　一方で、2023年現在の10年国債利回りは、年0.5％前後で推移しています。その場合、同じように2000万円を年0.5％で運用したとすれば、年間で10万円の金利収入しか手に入りません。貯蓄を原資に生活を送る老後生活者にとっては、金利の変動が生活を大きく左右することになるのです。

※文中の金利の計算では、税金を考慮しておりません。

Chapter 3

KINRI NO SHIKUMI
mirudake notes

金利の代表選手!
債券のしくみを理解する

普段の生活で身近な金利といえば
ローンや預金の金利が真っ先に浮かぶでしょう。
しかしプロの投資家たちは
債券の利回りを真っ先にイメージするのです。
中でも「10年国債利回り」は
時に世界経済を大きく変えるほどの影響力を持っています。
金利のことを理解するうえで欠かせない
債券のしくみを紐解いていきましょう。

KEY WORD → ☑ 国債、サブプライムローン問題、債券利回り

01 10年国債利回りが金利の代表格

日常ではあまりなじみのない国債。しかし、国債の金利の動きが日本全体の金利に大きな影響を与えているのです。

金利や利回りという言葉を聞いて、多くの人は預金金利や住宅ローン金利などの、生活に紐づいた身近なものを思い浮かべるでしょう。しかし、**プロの投資家やディーラーにとって、一番に思い浮かべる金利は期間10年の国債の市場利回り**なのです。実は、国債は株式等のように市場で大量に売り買いされており、その取引の結果で利回りが毎日変化しています。そして、この国債の利回りの動きは投資家をはじめとした多くの人たちに非常に重要視されています。

金利といえば？

- やっぱり気になるのは住宅ローンや、預金金利ですね
- 国債の金利の動きは新聞にも掲載されているんですよ！
- 私たちにとって金利といえば、期間10年の国債の利回りですね
- 債券は毎日市場で売り買いされており、株券などと同じようにその結果によって利回りがつきます。その利回り情報は新聞やインターネットに公開されます。

国債利回りの動きがなぜ重要視されるのか。それは、**国債の利回りの変動を確認することで、金融市場のさまざまな変化を予測できるようになるから**です。2007年に起きたアメリカの金融危機・**サブプライムローン**問題では、最初に兆候が表れたのがまさにアメリカの10年国債で、その利回りが一気に低下した後、すぐに問題が表面化しました。また、日本でも住宅ローン金利や預貯金金利など、あらゆる金利がこの**債券利回り**に紐づけて決められています。つまり債券の金利はほかの金利よりも先に動きが出るパターンが多いのです。国債の動きを知ることで、日銀が何を考えているのか、そしてこれから何が起きるのか＝金融政策を予想することができます。債券はほかの金利よりも先に動くという性質上、社会情勢を敏感に反映するセンサーになるので注目が集まるのです。

債券が持つ特徴

KEY WORD → ☑ 私設債券、100円あたりの価格、年利回り

02 債券のイメージを八百屋の事例でつかむ

債券のしくみをシンプルに理解するために、
とある八百屋さんを例にとってみます。

では、債券のしくみはどうなっているのでしょうか。ここではわかりやすく、八百屋でのエピソードを例に解説します。とある八百屋で200万円ほど資金が必要になったとき、その店主が行ったことは私設の債券発行でした。店主は画用紙でカードを11枚作成し、そのうちの1枚の表面には100万円と、残りの10枚には10万円と記入。そして、それぞれに『価格は98円(額面100円あたり)』『期間は2年(20XX年〇月〇日満期)』『表面利率(年あたりの利子)が4%(毎年額面金額の4%分を商品払い)』と書き込んでいきました。

債券のしくみを身近な事例で

八百屋の作成した、100万円と記載のある**私設債券**を引き受けたとします。この額面100万円分の債券は**100円あたりの価格**が98円なので98万円で買うことができます。1年目には表面利率4％に従い、八百屋から4万円分の商品がもらえます。そして、満期である2年目には同じく4万円分の商品をもらい、同時に額面の100万円を受けとりました。これが一連の流れです。今回のケースのように98万円を出して2年の間毎年4万円分の利息を受けとり、満期に額面の100万円を受けとったのであれば、98万円のお金を払い込み、108万円の払い戻しを受けたことになります。債券のしくみを考えるうえで覚えておきたいポイントは**その額面に加えて『額面あたりの価格』『満期までの年数』『年あたりの利子』**。これを把握しておけば、**年利回り**も簡単に求められます。

債券の年利回りの算出方法

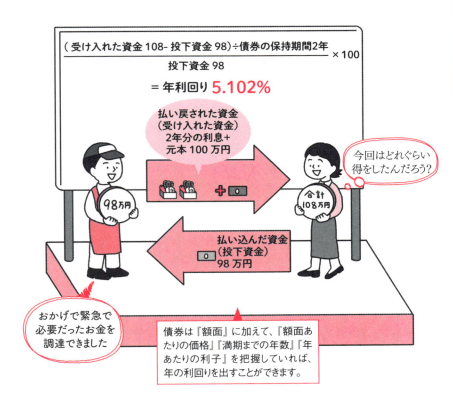

KEY WORD → ☑ 発行市場（プライマリー市場）、新発債、流通市場（セカンダリー市場）、既発債

03 債券市場では多様な債券が取引されている

ひと口に債券といっても、さまざまな種類があります。
国債のほかにどんなものがあるのでしょうか？

新しく発行される国債だけではなく、債券市場ではさまざまな種類、形態のものが日々売買されています。まず見るべきなのはその市場。大きく分けて2種類あります。1つ目は**国や自治体などの発行体が新しく債券を発行してお金を調達する発行市場（プライマリー市場）**です。ここで新しく発行された債券を「**新発債**」と呼びます。もう1つは、**すでに発行された債券に対して、債券を持っている側と欲している側で売買を行う流通市場（セカンダリー市場）**です。すでに発行されて流通している債券は「**既発債**」と呼ばれています。

債券の2つの市場

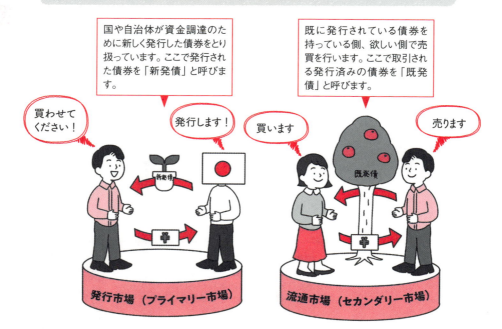

市場でとり扱われている債券は、発行体別に分けると7種類あります。①国や都道府県、政令指定都市などが発行している「国債・地方債」。②政府関係機関などが発行し政府が元利(元金＋利子)払いを保証している「政府保証債」。③独立行政法人などで発行し、政府の保証のない債券である「財投機関債」。④海外の発行体(外国企業など)が、日本で資金調達するために円建てで発行する「サムライ債」。⑤企業が発行している「社債」。⑥特定の金融機関だけが発行できる「金融債」。⑦金融機関が自らの保有しているローンなどを価値の裏づけとして発行する「資産担保証券(ABS)」です。ABSはさらにその中で住宅ローンを担保にする「RMBS」、商業不動産を担保にする「CMBS」に分かれます。さまざまな種類の債券でも特に発行量・取引量が多いのがやはり国債で、その取引が債券市場の中心を担っています。

さまざまな債券の種類

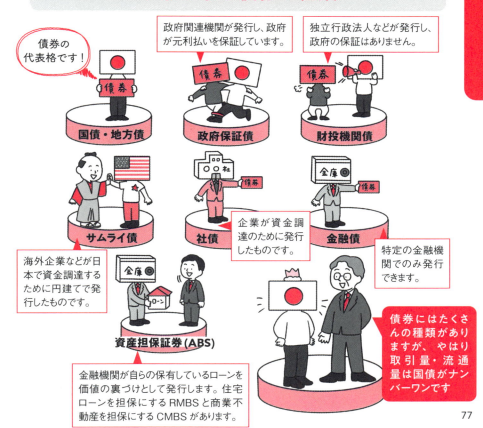

KEY WORD → ☑ 最終利回り、キャピタルゲイン、インカムゲイン

04 10年債の利回りを計算してみよう

10年国債を満期まで持ち続けた場合に、どれだけの利回りが得られるかを計算してみましょう。

株式や為替とは違い、価格で表現されない金利。たとえば、10年国債の金利が1%から1.4%に上がったと聞かされても、それが果たしてどれだけのプラスになるのかイメージすることは難しいでしょう。そこで、簡単な利回りの計算方法を解説します。今度は例として額面が100円、発行価格(購入した時の価格)は98円で、満期までの期間は10年。年あたりの利子は2%という債券があるとします。ちなみに、債券市場では基本的に、**債券価格や利回りの計算式を扱う場合には額面100円の債券が前提になっています。**

10年国債の最終利回りを計算する

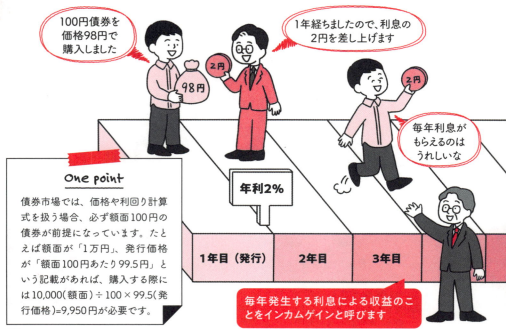

One point
債券市場では、価格や利回り計算式を扱う場合、必ず額面100円の債券が前提になっています。たとえば額面が「1万円」、発行価格が「額面100円あたり99.5円」という記載があれば、購入する際には10,000(額面)÷100×99.5(発行価格)=9,950円が必要です。

毎年発生する利息による収益のことをインカムゲインと呼びます。

債券の原則は、満期になれば必ず額面通りの価格で払い戻されるということです。先ほどの債券の例でいえば、満期の10年目には100円で払い戻されることが最初から決まっているということです。そのため、まずは満期で払い戻される額面価格100円と、買ったときの価格である98円の差を求めましょう。これを残っている満期までの年数で割ると1年あたりの値上がり益が算出できます。そこに、2％で設定した年あたりの利子（利子収入）を合計して1年の収益を計算し、その収益が買ったときの価格の何％であるかを求めます。このように計算された債券の利回りを**最終利回り**と呼びます。また、ここで**算出した値上がり益をキャピタルゲイン、毎年発生する年あたりの利子をインカムゲインと呼び、債券だけでなく株式投資などでも用語として使われています。**

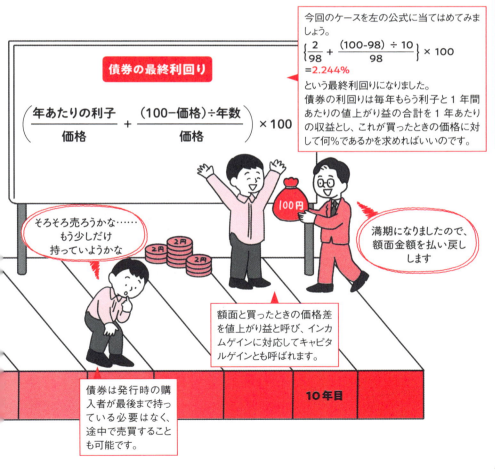

KEY WORD → ☑ 金利と債券価格の関係

05 なぜ金利が上がると債券の価格が下がるのか？

金利と債券相場の関係は一見するとわかりにくいもの。
混乱しないように、しっかりその関係を把握しましょう。

金利の上がり下がりのニュースは多くの場合、10年国債の利回りについての内容です。その中でも頻繁に目にするのが**「金利が上がったために債券相場が下落」**や**「債券の売りが増加したために価格が低下、そのため金利が上昇した」**などのフレーズ。金利が上がったはずなのにその債券の価格が下がると聞いたら、初めて債券に触れた人にとっては違和感を覚えるかもしれません。引っかかってしまうことも多い、この**金利と債券価格の関係**について、例を見ながら押さえていきましょう。

金利と債券価格はシーソーの関係

金利が上がったら債券の価格も上がるんじゃないんですか？

基本的に、金利が上がると債券の相場価格は下がります。反対に、金利が下がると相場価格が上がるパターンもあります

債券の多くは、いくらで買ったとしても、利子も、満期に払い戻される金額も同じだということがポイントです。新しく発行された国債（新発債）の利率がいくら高かろうと、すでに発行されている国債（既発債）の利率は変わりません。たとえば、100円あたり利子2％の新発債と100円あたり利子1％の既発債が価格100円で並んでいた場合、前者は10年で利子20円、後者は利子10円を受けとることができます。当然ながら債券の購入希望者たちは新発債のほうを購入します。では、既発債を売るためにはどうするか。債券本体の価格を下げることによって、利子の差分を埋め合わせできるぐらいの条件に持っていくほかありません。逆に新発債の金利が低ければ、既発債は価格を上げても利子の差分程度であれば売買されます。これが金利と債券相場の関係性のしくみです。

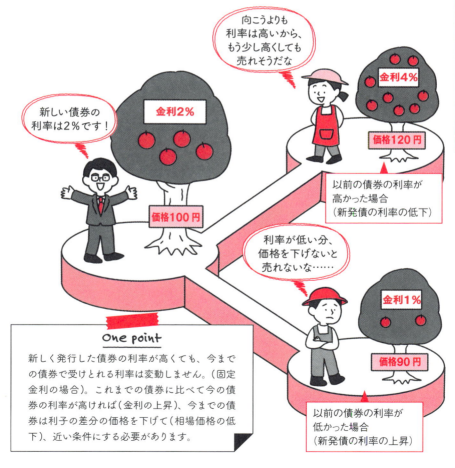

One point

新しく発行した債券の利率が高くても、今までの債券で受けとれる利率は変動しません。（固定金利の場合）。これまでの債券に比べて今の債券の利率が高ければ（金利の上昇）、今までの債券は利子の差分の価格を下げて（相場価格の低下）、近い条件にする必要があります。

KEY WORD → ☑ マイナス利回り、適格担保

06 なぜ銀行は利回りがマイナスの国債を購入するのか？

満期まで持てば損をしてしまうマイナス利回りの債券。
しかし銀行は理由があって、そういった債券を購入します。

市場に多く流通している10年国債ですが、その利回りはマイナスになってしまうこともあります。**債券のマイナス利回りとは、債券が市場価格の高騰などにより、購入価格が満期までの金利収入と元本の合計額を上回っている状態を指します。**マイナスだからといって、満期になったらどこかにお金を払わなければいけないわけではないのですが、それでも満期まで持ち続けていれば確実に損になる状況。しかし、そのような状況のマイナス利回りの国債が購入されたこともあったのです。それも、購入したのは投資の初心者ではなく、銀行です。

債券のマイナス利回りとは

債券のマイナス利回りとは、購入価格が満期までの金利収入と元本の合計額を上回っている状態を指します。銀行のマイナス金利政策と違い、金利を支払う必要はありません。

銀行がわざわざマイナスの利回りの国債を購入する理由は2つあります。1つ目の理由は、国債は**日銀からお金を借りる際に担保として使用できる**からです。日銀から金融機関がお金を借りる際には、日銀が定めている「**適格担保**」の範囲内で行うことができるのですが、国債はそれに当たります。そのため、借り入れに備えて銀行側もある程度の国債は持っていたいという背景があるのです。2つ目の理由として、**多くの場合、満期が来る前に購入時よりも高い価格で日銀が買い上げてくれる**ためです。損をするリスクがつきまとうマイナス利回りの債券ですが、満期が来る前に購入時よりも高い金額で日銀に買ってもらえるのであれば話は別です。日銀側もしっかりと購入する姿勢を見せることで、各銀行に安心感を与えているのです。

銀行がマイナス利回りの国債を買う理由

KEY WORD → ☑ 先取り、先行指標

07 長期金利は短期金利の動きを先取りしている

相互に関係し合っている金利の世界。
その中で最初に動くのはどの金利なのでしょうか。

金利がどのような順番で動いていくのかを理解しておけば、これからの金利やその政策など、全体の変化についても理解が深まり、さまざまな行動の指針にすることができます。では、その指針となる金利の中でも短期の金利と長期の金利、どちらが先に動くのでしょうか？ **一見、短い期間のほうがせわしなく見えることや、物価や景気の安定など経済活動を支えている政策金利がコール金利であることから、短期金利のほうが先に動くように見えますが、早く動くのは長期金利なのです。**長期金利は短期の金利を**先取り**して動いています。

短期金利と長期金利はどちらが先に動くのか

One point

金利の動く順番を把握していれば、これから先に金利全体がどう動くのかを予測しやすくなります。金利の変化を敏感にキャッチするためにも、金利の変動の順番はしっかりと理解しておきましょう。

短期金利と長期金利を比較した場合、長期金利のほうが先に動きが出ます。その理由として長期金利は短期金利を先取りして動いているからです

ポイントになるのは、同種の金融商品を購入した際に、「短期金利を複数回購入したとき」と「同じ期間の長期金利」では損得でかけ離れた差が生まれてはいけないということです。たとえば、1年の定期預金に2回預けるのと、2年の定期預金に預けるのでは、そこまで差がありません。一方ばかりメリット・デメリットが大きくなってしまえば「金融商品」としては不適格になってしまいます。そのために、**短期の金利の動きとの大きな乖離は不自然なので長期の金利は、短期の金利の現在の数字だけではなく、その金利がどう動くかを予想に入れたうえで先取りして金利の決定をします。**これが10年国債であれば、その金利は、今後10年の金融市場の動きを先取りしながら変化しているということになります。短い期間の国債金利だけでなく、政策金利や各種ローン金利などの動きも予想し、金利が決まります。だからこそ、専門家たちは10年国債に注目をしており、**先行指標**として扱われているのです。

長期金利の先取りとは

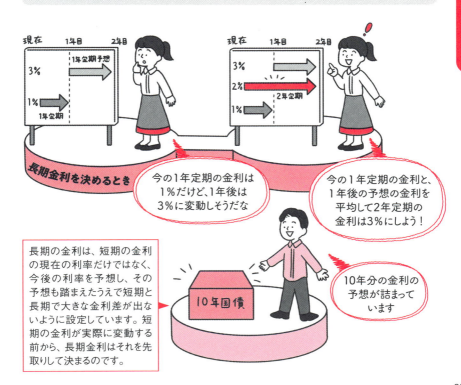

KEY WORD → ☑ 日本国債の利回り推移、日本証券業協会

08 新発国債のレートをチェックする方法

これまで重要性をとり上げてきた10年国債。
その利回りの動きを実際のウェブサイトで確認してみましょう。

Chapter 3で多くとり上げてきた10年国債ですが、その売買は、実は発行前から行われています。**銀行や証券会社、機関投資家などによって発行後には取引がなされますが、その前から大手金融機関では取引が始まっている**のです。契約が結ばれても当然、その債券自体が手元にない状態なので、実際の受け渡しは発行後になります。さまざまな金利や政策の動きを関連させ、発行前から売買されている10年国債。では、そのような10年国債の利回りの動きは実際にどこで確認すればよいのでしょうか。新発債については、いくつかのウェブサイトで確認することができます。

新発国債のレートを確認する

僕の知りたい情報は……

【日本国債の利回り推移について】
財務省
(https://www.mof.go.jp/jgbs/reference/interest_rate/index.htm)
日本国債のこれまでの利回りの推移がまとめられている。
ページ上部の「▶金利情報」をクリックすると、当月の利回り推移一覧表をcsvファイルで取得できる（年限別）。
「▶過去の金利情報」からは1974年以降の利回り推移一覧をcsvファイルで取得できる。

色んなウェブサイトでチェックできるんだね

日本国債の利回り推移について、**代表的なウェブサイトとしては財務省の国債金利情報ページがあります。日本証券業協会のデータによる当月の国債の利回り推移や、過去1974年以降の利回り推移について取得・確認することができます。**ほかにも日本相互証券株式会社では証券会社や金融機関同士で取引を行った結果ついた国債利回りを確認でき、日本経済新聞の「世界の市況」のページでは債券だけでなく、為替や株券などとともに一覧表で確認できます。それ以外にも楽天証券や、SBI証券など多くのウェブサイトで10年国債利回りについて掲載を行っています。用途や自分の使いやすさに合った場所で、国債のレートをチェックしましょう。

One point

10年国債についての情報はさまざまな場所で掲載されています。信頼性の高いデータを自分の目的・用途に合った形で手に入れるために、掲載場所の比較を行いましょう。

【主要年限レート】
日本相互証券株式会社
(https://www.bb.jbts.co.jp/ja/historical/main_rate.htm)
証券会社、金融機関同士で国債の取引を行った結果ついた利回りの一覧。
当月の分のみ日々の利回りを公開している。
日経新聞ほかで報じられる10年国債利回りはこのデータを参考にしている。

【世界の市況】
日本経済新聞
《無料版》
(https://www.nikkei.com/markets/worldidx/)
国内外の株式、為替、債券・金利、商品市況について毎日、最新のデータを一覧表で掲載（土日を除く）。ほかの金融商品の動きとのデータ比較をしやすい。債券・金利については長期金利のみを掲載している。
《有料版》
日本経済新聞の有料会員のみ閲覧できる。
日米欧ほか主要国の長短金利や政策金利の最新データを掲示。
日米欧の長短金利については推移をグラフで確認できる。

column No.3

「米国債の暴落」は本当に起こるのか?

　国際通貨の中でも中心的な地位にある、ドルを用いて取引が行われる米国債。慢性的に財政赤字の状態にあるアメリカは、それを補塡するための資金を調達しようと国債を大量に発行しています。米国債が売れ残ると、アメリカは金利の急騰や財政破綻に陥る危険性もあるのです。

　関心度の高い米国債をめぐっては、「米国債の暴落」や「ドルの暴落」という大胆な予想シナリオが立てられることが少なくありませんが、本当に起こり得ることなのでしょうか?

　米国債の売りが一時的に強まることは、過去に何度もあ

りました。2009年6月前半には、ロシアの中央銀行高官の発言から「ロシアが保有するドルを売る」憶測が流れ、世界的な「ドル離れ」まで予想された結果、米国債が大量に売られました。しかし同じ月の後半にはもう、米国債を買い戻す動きが強まったのです。

　このように米国債が一時的に下落しても、「押し目買い」と呼ばれる、価格が下がったタイミングを狙って買う動きがある以上、相場の下落が長く続くことは考えにくいといえます。

　また、仮に相場の下落が続いたとしても、米国債から流れたお金が入っていく先が見当たらないという分析もあります。ユーロや円、その他通貨建ての資産には弱点も多く、ドルや米国債の受け皿になることは難しいでしょう。こういった理由から、米国債やドルの暴落説は当面信用できるものではなさそうです。

Chapter

4

KINRI NO SHIKUMI
mirudake notes

金利をコントロールする
プレイヤーたち

金利は基本的に、金融市場での
お金の需給バランスによって決まります。
その中で、景気の安定を図る中央銀行や
金利の動きで利益を得る機関投資家など
金利を動かす力を持った
さまざまなプレイヤーが存在するのです。

KEY WORD → ☑ 良い金利上昇、悪い金利上昇

01 「良い金利上昇」と「悪い金利上昇」とは何か？

金利上昇には、景気の安定成長につながる「良い金利上昇」と、景気の減退を招く「悪い金利上昇」の2種類があります。

金利が上がったとき、それは「**良い金利上昇**」と「**悪い金利上昇**」に分けることができます。景気がよくなって企業や個人の資金需要が増えてくると、金利が上昇します。これが「良い金利上昇」の例です。**「良い金利上昇」は、景気回復の流れをさまたげることなく景気の過熱を抑えながら、金利を上昇させていきます。**一方、景気がよくなっていないのに、金利だけが上昇していくことがあります。これが「悪い金利上昇」です。**「悪い金利上昇」では、国の財政事情が大幅に悪化したなど、景気の回復・物価の動向以外の要因から長期金利が上昇していきます。**

良い金利上昇と悪い金利上昇

たとえば、景気が十分に回復していたとしても、中央銀行が政策金利を上げなかったとすれば、金利は好景気にそぐわない低金利のままで、**過剰な設備投資や個人消費、投機熱を招くことになります。その結果、景気が過熱し、インフレ（物価上昇）が起きやすくなる**のです。また「悪い金利上昇」の場合、たとえば日本の財政が拡大し、国債が大量に発行され続けた場合、売りが強まって国債価格が急落することになります。財務省がより高い金利をつけて入札を行わないと、誰も日本国債を買わないようになるので、金利上昇のペースはさらに加速していきます。このような流れで長期金利が上昇すれば、株価も大幅に低下し、経済状況も悪化してしまうのです。

KEY WORD → ☑ 中央銀行、金融政策、日本銀行法

02 金利を左右する金融政策を定める中央銀行

各国には、その国の金融の中心をなす中央銀行が置かれています。日本における日本銀行（日銀）に当たる組織です。

中央銀行とは、国の金融機構の中核となる公的な銀行のことです。日本では日本銀行（日銀）が中央銀行に当たり、主に物価の安定を目的として市場の金利体系の元となる**金融政策**を決定しています。主要国の中央銀行の金融政策は、為替や株式市場などを通じて世界の市場や経済に影響を及ぼします。**主要国では、中央銀行は政府から法的に独立していることが多く、中央銀行が決めた政策金利を含む金融政策が妥当でないと景気が悪化したり、物価が不安定になったり、金融システムに混乱が起こったりします。**

中央銀行（日銀）の役割

日銀
物価の安定を目的として市場の金利体系の元となる金融政策を決定する。

日本銀行政策委員会
総裁（1人）
副総裁（2人）
審議委員（6人）
の9人からなる

日銀の目的は、日本銀行法で「我が国の中央銀行として、銀行券を発行するとともに、通貨及び金融の調節を行うこと」および「銀行その他の金融機関の間で行われる資金決済の円滑の確保を図り、もって信用秩序の維持に資すること」**と規定されています。**日銀には、総裁、副総裁（2人）、審議委員（6人）の9人からなる政策委員会が置かれています。政策委員会の会合のうち、金融政策の運営に関する事項を審議・決定する会合を、金融政策決定会合といいます。金融政策決定会合では、金融市場調節の基本方針、基準割引率、基準貸付利率および預金準備率の変更、金融政策手段、経済・金融情勢に関する基本的見解など、金融政策の運営に関わる事項が審議・決定されます。この会合は、年8回開催され、終了後ただちに決定内容が公表されます。

KEY WORD → ☑ ゼロ金利政策、金融引き締め、金融緩和、金融政策ヒモ理論

03 金利を下げても景気が上がらない!?「金融政策ヒモ理論」とは

日銀は金利を動かし、金融引き締めや緩和を行います。
しかし、金融緩和が必ずしも景気回復につながるとは限りません。

一般的に、金利が下がると企業や個人が資金調達をしやすくなり、経済活動が活発になって、景気を上向かせると考えられています。しかし実は、**金利を下げても景気がよくなるとは限りません。逆に、現在の日本のように長く低金利を続けることは、景気に悪影響を与えることもあります。**たとえば、公的年金、企業年金の運用利回りが**ゼロ金利政策**の長期化で下がっていけば、年金支給額が減っていくことが予想されます。また、企業が個別に運営している企業年金の運用が悪化しているという事実もあります。

緩めても効果があるとは限らない

棒につながったヒモを引っぱったとき、棒には確実に力が伝わります。一方でヒモをいくら緩めても、棒には力が伝わりません。**「金融引き締め政策は効果的だが、金融緩和策は効果があるとは限らない」ことを、このような棒とヒモの関係性でたとえたのが「金融政策ヒモ理論」です。**金融引き締めを行うとき、日銀は、銀行に国債を売って、その代金を銀行が持つ当座預金から引き落とします。すると銀行の口座残高が減るので、積極的に企業に貸そうとしなくなります。一方、金融緩和では、日銀は銀行が所有している国債を買い上げ、銀行の日銀当座預金口座にお金を供給します。銀行は、当座預金口座にお金を置いておいても原則として金利を得ることはできないので、その資金を貸し出しに充てて、世の中にお金が回り、経済が活性化するはずです。しかし、金利が低下しても企業や家計の資金需要が増えない限り、景気はよくならないのです。

KEY WORD → ☑ 日銀の影響力、アベノミクス、内部留保

04 日銀の影響力が下がってきたという見方がある

かつては効果的な金融政策で日本経済を安定させてきた日銀。近年、影響力が下がってきたといわれる理由とは？

近頃、銀行に対する**日銀の影響力**が下がってきたといわれています。具体的には、**日銀が金利をコントロールしても、物価や景気に影響を与えられなくなってきた**ということです。2013年からスタートした**アベノミクス**の方針を受けて、日銀は「消費者物価の前年比上昇率2％」という目標を掲げて金融緩和政策を進めましたが、2020年にはプラス0.4％がやっとでした。2022年現在、物価は高騰していますが、ロシアのウクライナ侵攻による資源の高騰や円安の影響などといったあおりを受けたもので、景気がよくなったためとはいえないでしょう。

日銀の政策が効かなくなってきた

企業の内部留保の増加など、民間の資金需要が減っているため、日銀による金融政策の効果が薄れてきていると指摘されています。

日銀の影響力が低下した理由は、いくつか考えられます。1つは、金利を下げても、企業がお金を借りなくなったことです。2021年度の企業の**内部留保**は500兆円を超えています。そのため、**金利が低くなっても銀行からお金を借りる必要のない企業が増え、金利を下げる効果が薄くなりました。**日銀がどれだけ多くの国債等を銀行から買いとってお金を供給しても、そのお金は銀行が日銀に預けている当座預金口座に留め置かれているだけで、民間に行きわたらない状況なのです。また日銀の金融政策は、将来予定していた消費や設備投資の需要を先取りするだけで、景気の底力を押し上げるだけの力はないという見方もあります。**企業や個人が借り入れをして新しい設備や住宅を購入しても、その分将来の需要や消費がしぼむため、長い目で見れば景気押し上げ効果はない**ということがいわれているのです。

KEY WORD → ☑ FRB、世界の中央銀行、基軸通貨

05 FRBの政策が日本の金利にも影響を与える

世界の中央銀行の中でも、
アメリカのFRBは特に強い影響力を持っています。

各国には、自国の金利を適正な水準にコントロールし、物価や金融システムを安定させる「中央銀行」が置かれています。アメリカは「**FRB**（Federal Reserve Board＝連邦準備制度理事会）」がそれに当たる組織です。**FRBは単にアメリカの中央銀行というだけでなく、「世界の中央銀行」と呼ばれるほど大きな影響力を持っています。** なぜなら、世界経済はアメリカを中心として、先進国から中国やブラジル、インドといった新興経済諸国にいたるまで、世界中がモノとお金両方の流れによってつながっているためです。

世界の中央銀行FRB

FRB（連邦準備制度理事会）
アメリカの中央銀行に当たる組織。基軸通貨のアメリカドルを扱っていることから「世界の中央銀行」ともいわれる。

FRBの金融政策は、アメリカ国内だけでなく、世界経済に影響を与えています。アメリカドルは世界中の通貨の中で最も信頼度が高く、世界中で使われている「**基軸通貨**」です。FRBは基軸通貨のドルをとり扱っているため、「世界の中央銀行」といわれるポジションにあるのです。FRBの動きは日本経済への影響も大きく、2020年に新型コロナウイルスの影響でアメリカ国内の失業者が増えると、FRBは利下げと量的緩和を行いました。その後、2022年3月にFRBは「雇用が増え、失業率の大幅な低下や物価上昇（インフレ）が起こっている」ことを理由に利上げを決定しました。**日本の金利が低い状態のときに実施されたFRBの利上げによって、金利が高く資産運用に有利なドルを買い、金利の低い円を売る動きが活発化。円安が急激に進行する要因になりました。**

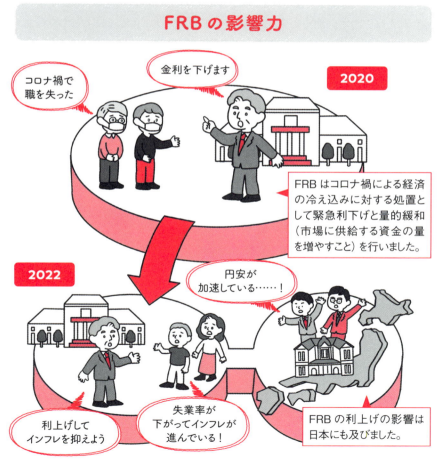

KEY WORD → ☑ インフレ、利上げ

06 世界中が悩む「インフレを防ぐための利上げ」

インフレを抑制するためであっても、どの国も景気後退につながりかねない利上げには、そう簡単に踏み切れません。

インフレに悩まされているのはアメリカだけではありません。**現在、世界全体で深刻なインフレが続いており、欧米に比べれば物価の上昇率は低いものの、日本でもここ数年、電気代、ガス代、ガソリン代などが相次いで値上げされています。**特にガソリン代に関しては、2022年1月にガソリン価格抑制補助金の支給が開始されたほどです。加えて2022年のロシアのウクライナ侵攻によって、石油・天然ガスといったエネルギー関連の資源価格が高騰しています。

世界的なインフレが続いている

電気代もガス代も上がる……

コロナ禍に加え、ロシアのウクライナ侵攻によるエネルギー関連の高騰で、世界的なインフレが起こっています。

あらゆるモノの価格が上がっているなあ

過度なインフレを止めるには、消費を抑える、つまり景気を減速させるしかありません。消費する人が少なくなり、景気が悪くなれば、モノの価格が下がるからです。**金融政策としては「利上げ」が有効ですので、世界的なインフレを背景に、欧米の中央銀行は軒並み金利を上げています。しかし、一歩間違えると、利上げによって景気が一気に後退することも考えられます。**インフレを抑制するために、日本もアメリカのような思い切った利上げができればよいのですが、日本の物価上昇は、賃金が上がって需要が増えたことによるものではありません。そんな状況で利上げをすれば、日本経済にとって逆風となることが考えられるため、そう簡単には利上げに踏み切ることができないのです。

中央銀行のインフレ対策

KEY WORD → ☑ 財政赤字、普通国債残高、政府短期証券

07 政府の国債発行によって金利が動く

日本では、税収の不足などを補うために国債が発行されています。大量に発行される国債も金利に影響を与えます。

日本は歳出が歳入（税収・税外収入）を上回る「**財政赤字**」が続いています。そのため政府は、国債を発行して市場や個人から資金を調達します。2022年末には、建設公債残高、特例公債残高及び復興債残高である「**普通国債残高**」は1029兆円に上ると見込まれています。財投債や借入金、**政府短期証券**なども合計した、いわゆる「国の借金」は1411兆円に増加する見込みです。日本の債務残高はGDPの2倍を超えており、これは、主要先進国の中で最も高い水準になっています。

国債の大量発行が金利に与える影響

やっと税金を納めた

歳入（税収や国の事業の収入） ＝ 一般歳出

予算のうえでは、歳入と歳出は同額になります。

一般的には、国債の大量発行は、国債の供給が増えることで価格の低下、長期金利の上昇を招きます。長期金利が上昇すると、企業の設備投資などの資金コスト上昇につながり、景気の足を引っぱる方向に作用します。しかし、**実際には国債価格は低下することなく、上昇しています。これは、日銀が国債を買い続けていることに加え、国債の9割を、日銀をはじめとした金融機関が保有しているためだと考えられています。**新規10年物国債の入札結果は、長期金利全体に影響を及ぼします。もし、最低落札価格が市場の事前予想より大幅に低い（最高落札利回りが大幅に高い）といった低調な入札結果になると、市場で債券を売る動きが活発になり、長期金利が上昇し、貸出金利や住宅ローン金利の上昇につながることがあります。

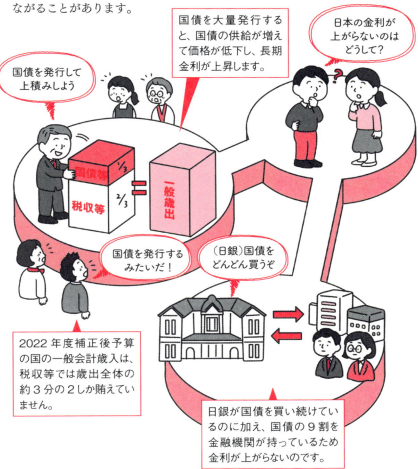

4 金利をコントロールする

KEY WORD → ☑ 機関投資家、債券相場

08 巨大マネーで金利を動かす機関投資家

市場で巨額の資金を動かす機関投資家は、金利への影響力も大きくなっています。

債券市場の参加者のほとんどは、資産運用を専門に行っている**機関投資家**や金融機関で、個人の投資家の割合は多くありません。**機関投資家とは、銀行、保険会社、系統金融機関（信用金庫・農協など）といった顧客から預かった資金を有価証券等で運用・管理する大口投資家のことです。**機関投資家は、債券市場で、日々積極的に資金運用を行っています。債券は有価証券なので、償還を待たずに売却し、換金することもできます。債券の価格は、発行体の信用度や格付、償還までの残存期間などにより変動します。

巨大マネーを動かす機関投資家

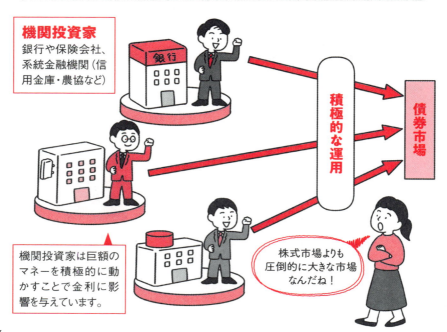

機関投資家
銀行や保険会社、系統金融機関（信用金庫・農協など）

機関投資家は巨額のマネーを積極的に動かすことで金利に影響を与えています。

株式市場よりも圧倒的に大きな市場なんだね！

債券相場（長期金利）の１日の水準は、株式・為替相場と違ってニュースなどで詳しく報道されることがありません。しかし、**2020年度の日本国内の株式の取引量（売買代金）が約767兆円だったのに対し、債券の取引量（公社債店頭売買高）は、約２京1494兆円に達しています。** 債券のほうが株式よりも約28倍も大きな金融市場なのです。債券価格と金利には、市場金利が上昇すると債券価格は下がり、市場金利が低下すると債券価格は上がるというシーソーのような関係があります。発行時、債券価格100円、利率3%の債券があったとします。金利が4%に上昇すると、3%の既発債券の投資魅力が薄れ、債券価格は低下します。金利が2%に低下すると、3%の既発債券の投資魅力が上がり、債券価格が上昇するのです。

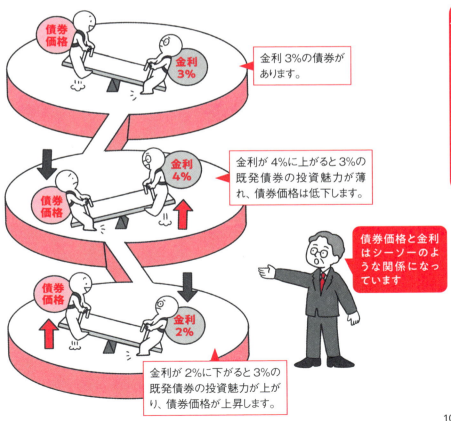

債券価格と金利の関係

金利3%の債券があります。

金利が4%に上がると3%の既発債券の投資魅力が薄れ、債券価格は低下します。

債券価格と金利はシーソーのような関係になっています

金利が2%に下がると3%の既発債券の投資魅力が上がり、債券価格が上昇します。

KEY WORD → ☑ **デフォルト、格付会社、リスクプレミアム**

09 格付会社の評価で債券の金利が変わる

投資家はしばしば、格付を投資判断の参考にします。
格付会社の評価も債券の金利を大きく左右する要素です。

所有している債券の発行体が破綻すると、元本や利子が受け取れなくなる可能性があります。このリスクを「**デフォルト（債務不履行）リスク**」と呼びます。一方で投資家は、債券のデフォルトリスクがどれくらいかわからなければ、安心して社債や国債に投資することができません。**債券などの金融商品や、発行体の債務支払能力などを総合的に評価する会社を格付会社といいます。格付会社は、アルファベットなどを用いたわかりやすい記号で、債券の安全性に関する情報を提供します。**

会社の格付と金利の関係

どの企業に投資しようか

投資家

格付会社は、アルファベットなどで表したわかりやすい記号で、債券の安全性に関する情報を提供します。

格付で投資のリスク情報を提供

あなたの投資しようとしている会社の格付は〇〇です。

購入

格付会社

代表的な格付会社には、アメリカの「S&Pグローバルレーティング（S&P）」や「ムーディーズ」などがあります。**債券のデフォルトリスクを考慮して決められた上乗せ金利を「リスクプレミアム」といいます。** 格付は発行体の資金調達コストであるリスクプレミアムを変動させます。債券の金利は、発行体の格付が高い場合、リスクプレミアムが低くなり、金利も低くなります。発行体の格付が低いと、リスクプレミアムが高くなり、金利も高くなります。また格付会社の格付が上下する場合、格付が低くなるとリスクプレミアム数が増加し、金利が上昇します。格付が高くなると、リスクプレミアムが減り、金利は低下します。**格付の低い会社は債券の金利を高くしなければ投資家が買ってくれないので、資金調達コストが高くなるというわけです。**

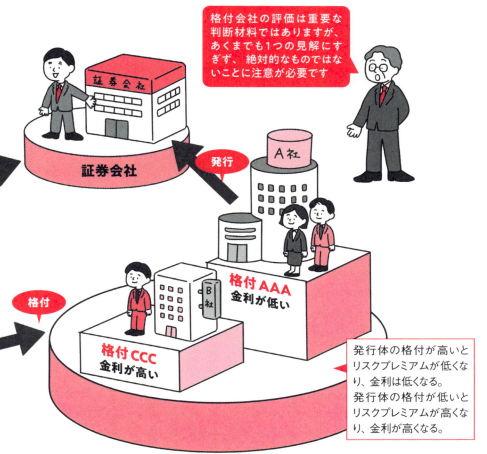

KEY WORD ➡ ☑ 資金需要、貸出金利

10 企業の資金需要は銀行の貸出金利と表裏一体

貸出金利を上下させる大きな要因は企業の資金需要です。
貸出金利は主に資金の需要と供給のバランスで決まります。

好景気になると企業は設備投資や新規事業などに資金を投入しようとするため、**資金需要**が増え、**貸出金利**は上昇します。逆に不景気になると、企業もお金を使わなくなるため、資金需要は減り、貸出金利は低下します。**日本経済は1990年代初頭までバブル経済の好景気の影響で、製造業は生産能力の増強、小売業は店舗の拡充のために企業の資金需要が増加し、資金不足の状態でした。**
しかし、バブル経済が崩壊すると、日本経済の状況は悪化し、1990年代後半〜2000年代前半、企業の資金需要は、大幅に減り続けていきました。

バブル崩壊後の日本

1990年代後半〜2000年代前半

バブル崩壊後、企業の資金需要は大幅に減り、日銀はその対策として「ゼロ金利政策」を行いました。

企業が資金不足になる（資金需要が増加する）と、銀行の貸出金利が上昇します。逆に企業の資金が余剰になる（資金需要が減少する）と、銀行の貸出金利は低下します。 このように、企業の資金需要と銀行の貸出金利は、表裏一体の関係にあるのです。また、企業の資金需要が増加すると、銀行の資金需要も増加し、短期金融市場で金利上昇の圧力が発生、日銀が利上げします。すると銀行の資金調達コストが上昇し、銀行の貸出金利が上昇します。逆に企業の資金需要が減少すると、銀行の資金需要も減少し、短期金融市場で金利低下の圧力が発生、日銀が利下げします。すると銀行の資金調達コストが低下し、銀行の貸出金利が低下します。

貸出金利上昇までの流れ

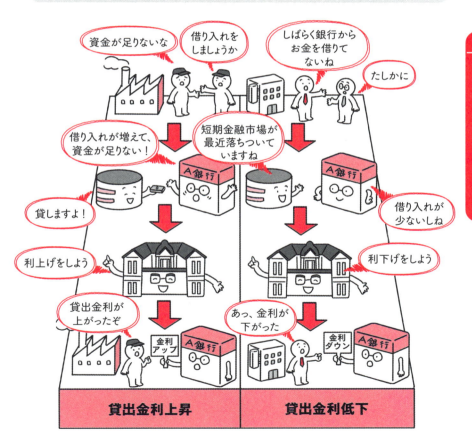

KEY WORD → ☑ 家計、リスク資産

11 個人金融資産の行き先が金利に大きな影響を与える

個人の金融資産の動向は、
金利の動きにどんな影響を与えるのでしょう？

現在の日本で、政府、企業、**家計**（個人）のうち、最もお金が余っているのが「家計」です。私たちは、預金したり年金や生命保険などの保険料を払ったりすることで、金融市場に資金を供給しています。中でも預金は、銀行にとって最も重要な資金調達先になっています。**2022年3月末時点で、個人の金融資産は2,005兆円に上り、そのうち現金・預金は1,088兆円で、金融資産全体の50%以上を占めています。**その反面、収益性よりも安全性を重視する国民性からか、株式や投資信託の比率は小さくなっています。

預金の割合が高い日本

112

高利回りが期待できる反面、元本割れする可能性がある金融商品を「**リスク資産（危険資産）**」といいます。株式や投資信託、外資預金などがそれに当たりますが、これまで日本人はリスク資産に投資することをためらってきました。しかし、現在は超低金利が長く続いているため、個人向け国債など、より高利回りの運用先に投資する人も少しずつ増えてきています。個人の金融資産の動向は、金利にも大きな影響を与えています。**景気が悪化すると、預金よりも固定金利の債券への投資が増加します。その結果、債券価格の上昇・利回りの低下に繋がり、長期金利が低下します。逆に景気回復の傾向が強まれば、債券よりも株式や株式投資信託への投資が増え、債券価格の低下・利回り上昇につながり、長期金利が上がっていきます。**

景気の上下と債券市場

column No.4

マイナス金利で「タンス預金」ブームが到来？

　マイナス金利政策の影響によって、個人の預金金利が今すぐにマイナスになることはないと見られていますが、マイナス金利で苦しんだ民間銀行が、預金者へ何らかの形で負担を転嫁することは考えられます。預金口座を持つ利用者から「口座維持手数料」を徴収するしくみなどは、実際に検討され始めています。

　そういった影響を防ぐための1つの手段として、自分の財産を現金で保管する「タンス預金」があります。銀行に預金をせずに現金で持っておくことで、金利の変動やそ

れに準じた銀行のサービス変更の影響から資産を守ることができます。
　タンス預金といっても自宅に大金を保管しておくのはリスクが高いと考える人のために、貸金庫サービスを提供する銀行がありますが、このサービスの利用者が増えているようです。

　日銀がマイナス金利の導入を発表した2016年には、小型金庫の売れ行きが伸びたというデータもあります。マイナンバー制度の導入により、財産を捕捉されることを嫌う人が増えたからという見方もありますが、自宅でのタンス預金の需要も少なくなかったと考えられます。

Chapter 5

KINRI NO SHIKUMI
mirudake notes

金利の動向を経済予測に活用する

経済の行方を先取りしているといわれる
金利の動向を読むことで、
経済予測のシナリオを立てることができます。
日常生活からビジネスにまで活かせる
金利の動きを読むためのヒントを
探っていきましょう。

KEY WORD → ☑ 政策金利、10年国債利回り、社債利回り

01 経済予測に活用できる3つの金利

経済の動向を予測するためには3つの金利が活用できます。
それぞれの特徴をおさらいしましょう。

景気の予測に用いられる金利には、「**政策金利**」、「**10年国債利回り**」、「**社債利回り**」の3つがあります。期間を基準に、金融資産の金利は期間1年未満の「短期金利」と、同じく1年以上の「長期金利」に大別されます。政策金利はこのうち短期金利の1つ。ここまでに解説したように中央銀行（日本の場合は日銀）が金融政策によってコントロールし、市場金利を誘導する目標となります。私たちが日常的に接している預金やローンの利率などのうち、期間の短いものはこの政策金利が基準になっています。

3つの金利を理解する

購入した債券を満期まで保有し続けたときの1年あたりの利回りが「流通利回り」です。10年国債利回りは償還期間10年の国債の金利を表したもので、期間約10年の市中金利の基準となります。

国が期間や利率を定めて発行するよ

うちは信用力があるから同業他社より資金の調達コストが低いんだ

②10年国債利回り

景気を見ながら市場の通貨流通量をコントロールするよ

①政策金利

③社債利回り

民間銀行がお互いにごく短期のお金を貸し借りするときの金利（政策金利）は市中の金利に影響を与えるため、中央銀行による金融政策は人々の生活を大きく左右します。

企業が発行する社債も国債と同じように債券の1つ。相対的に信用力（返済能力）が高いほど利回りが低い（調達コストが低い）のが特徴です。

長期金利の1つである10年国債利回りは、国が期間10年の設定で、資金調達をするために発行する債券の利回りのことです。**政策金利は中央銀行による金融政策の影響を大きく受けますが、10年国債利回りは景気の影響を大きく受けます。** 政策金利と比べて期間の長い預金やローンの利率は、この国債利回りが1つの基準となります。国債は国が発行しますが、社債は企業が発行体となる債券です。社債利回りは債券市場における社債の流通利回りを指し、企業が資金調達をするうえでのコストといえるでしょう。発行体企業ごとに社債は存在し、各企業の信用力の違いによって流通利回りは異なってきます。信用力とは元本や利息を期日通りに支払えるかという返済能力のこと。一般的に、国はその国の企業より信用力が高いとされるため、同年限なら国債利回りは社債利回りより低くなります。

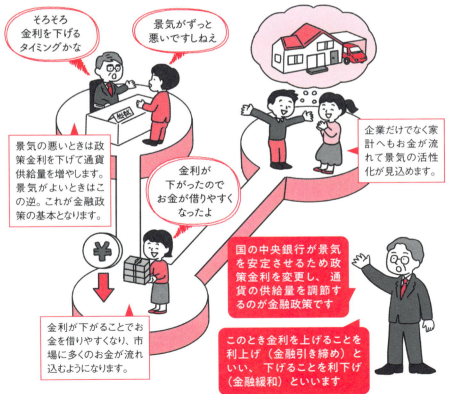

通貨の供給量を調整する中央銀行

KEY WORD ➡ ☑ イールドカーブ、順イールド、逆イールド、フラットイールド

02 金利の行方を指し示す「イールドカーブ」

縦軸に債券の利回り、横軸にその期間を表示したイールドカーブ。市場の変化を察知するのにとても役立ちます。

債券の満期までの利回りと償還期間（残存年数）の関係を示した曲線を「**イールドカーブ**（利回り曲線）」といいます。将来の金利の動きを予想するときに役立つグラフで、具体的には**縦軸に利回り、横軸に期間を設定し、長短の期間別利回りを順に結んでいって折れ線グラフにしたもの**です。イールドカーブはその時点における景気や物価の動向、今後の経済見通し、金融政策などさまざまな要素を反映して作成されます。そうしてでき上がった曲線は、市場参加者が将来の金利をどう予測しているかの表れでもあります。

イールドカーブの種類

順イールド
償還期間が長い債券ほど利回りが高くなることを示す右肩上がりの曲線。投資家が将来の金利上昇などを織り込んで高い利回りを期待するため、このような形になります。経済成長期、景気拡大期に見られます。

フラットイールド
長短の利回りの差がなくなるフラットな曲線は、景気が拡大から後退に向かう時期、逆に後退から拡大に向かう時期に見られます。短期金利が上昇したとき、景気後退を先取るように現れることがあります。

逆イールド
上昇した短期金利が長期金利の水準を超えると、右肩下がりの逆イールドになります。このような長短金利の逆転現象は景気後退の予兆として現れることが多く、市場関係者の間に警戒感が高まります。

曲線の傾きは、将来の経済見通しを視覚化したものともいえます。将来、金利が上昇するのか低下するのか、イールドカーブを用いることで確度の高い予想が可能となるのです。

状況に応じて変化するイールドカーブですが、3つの代表的な形状があります。それが「**順イールド**」、「**逆イールド**」、「**フラットイールド**」です。順イールドは右肩上がりの曲線。将来、金利が上がると予想する人が多い場合に、この形になります。**基本的に債券は償還期間が長いほど、回収コストなどリスクが生じるため利回りは高くなるもの。そのため景気のよい時期は順イールドになるのが普通です。** 逆イールドは、順イールドの逆で右肩下がりの曲線。将来、金利が下がると予想する人が多いとこうなります。**景気後退を予測するように現れるため、グラフが逆イールドになると金融市場の警戒感は高まります。** フラットイールドは、グラフが水平に近くなったもの。金利が横ばいで推移すると予想する人が多いと、この形になります。景気の転換期に見られます。

バブル崩壊後に起きた逆イールド現象

KEY WORD → ☑ 景気サイクル、信用サイクル、金融政策サイクル

03 景気の波を動かす「信用サイクル」と「金融政策サイクル」

景気にはサイクルがあり、好景気と不景気を繰り返します。
この波をつくっているのが信用サイクルと金融政策サイクルです。

景気は常に変化するものですが、一歩引いて見ることで、そこには大きな波があり、好景気と不景気を繰り返す傾向にあることがわかります。いわゆる「**景気サイクル**（景気循環）」と呼ばれるものです。そして**景気を動かし、このような大きな波をつくり出しているのが「信用サイクル」と「金融政策サイクル」です。このうち信用サイクルは、その名の通り信用力を、金融政策サイクルは、同じく金融政策を要因に引き起こされます。**つまり景気の波を的確に予測するためには、この2つを理解することが重要になるのです。

景気にはサイクルがある

信用力は財務面から見た企業の健全性。景気とこの信用力の関係を表すのが信用サイクルです。**概ね10年のサイクルで調達金利の低下（景気上向き）→借り入れ拡大（信用悪化）→調達金利の上昇（景気下向き）→借り入れ縮小（信用回復）が繰り返される**のが特徴です。もう1つの金融政策サイクルは、景気と金融政策の関係を表します。こちらは**概ね5年のサイクルで、景気回復→金融引き締め（利上げ）→景気減速→金融緩和（利下げ）が繰り返されます。**日常生活を送る中で、人々は景気の変動を肌感覚で察知するものです。景気がよいときはボーナスが増えた、株の配当金が増えたと多くの人が実感します。もちろん、そんなよいときばかりではなく、不景気ではその逆のことが起こります。ともあれ、そうした景気の浮き沈みを説明するのが金融政策サイクルなのです。

信用サイクルと金融政策サイクル

KEY WORD → ☑ リスクオン、レバレッジ、リスクオフ、財務緊縮

04 信用サイクルは「銀行の融資姿勢」のサイクル

10年に1度起きる金融危機に備えるため、信用サイクルを読みとって銀行の融資姿勢を知ることが大事です。

信用サイクルは、銀行の融資に関する姿勢を表したもの。「リスクオン」、「レバレッジ」、「リスクオフ」、「財務緊縮」の4つの局面に分けられ、概ね10年のサイクルでこれらが繰り返されます。 リスクオンは景気が上向き、企業の業績見通しも良好で、銀行が融資を考えるのに絶好の局面です。融資を通じて金利収入を高めたい銀行と、大規模な設備投資のための資金需要が増加する企業のニーズが一致することで、銀行の貸出（企業の借入）競争が始まります。結果、景気が大きく上がるのがこの局面です。

銀行の融資姿勢が景気を左右する

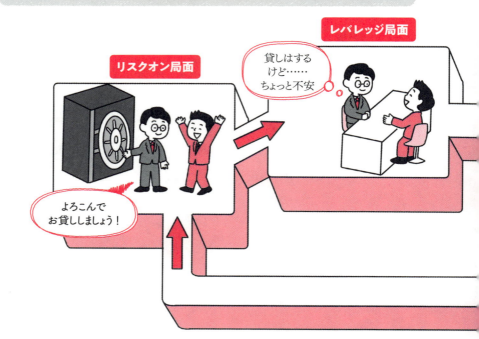

銀行の融資姿勢に変化はないものの、借入が増えることで企業の信用力が低下し始めるのがレバレッジの局面です。このとき、銀行は貸し倒れリスクを回避するため、企業への融資（銀行ローン）を金融商品化して転売することもあります。リスクオフの局面になると、銀行の融資姿勢は完全に消極化に転じます。そうなると企業の業績も悪化し、これまでの反動から景気は大きく下がります。財務緊縮は新たなリスクオン局面を迎えるための大事な時期です。このとき、銀行の融資姿勢は極端に消極化するため、資金調達の手段を失った企業のデフォルト率が一気に高まります。そのような中、企業は信用力の回復を目指し、借入金を返済することで財務状況を見直して次のサイクルに備えます。このように約10年のサイクルで、景気は一巡するのです。

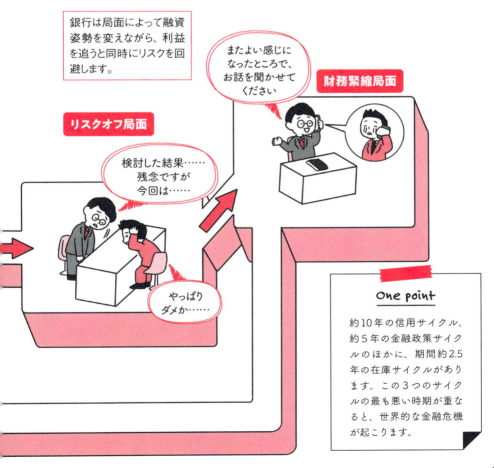

銀行は局面によって融資姿勢を変えながら、利益を追うと同時にリスクを回避します。

One point

約10年の信用サイクル、約5年の金融政策サイクルのほかに、期間約2.5年の在庫サイクルがあります。この3つのサイクルの最も悪い時期が重なると、世界的な金融危機が起こります。

KEY WORD → ☑ 社債スプレッド

「社債スプレッド」を景気後退の予測に活用する

信用サイクルにおける社債スプレッドと株価の関係に注目することで、景気の減退を予測することができます。

同年限の社債利回りから国債利回りをマイナスした数値が「**社債スプレッド**」です。**景気が後退局面に入ると銀行は企業に対して資金を貸し渋るようになるため、社債利回りは高くなり、必然的に資金調達コストは上がります。**よって格付の低い企業ほど社債スプレッドが拡大するのが通例です。景気が上昇すると企業の信用力が高まるため、この逆の現象が起き、社債スプレッドは縮小します。この拡大・縮小が概ね10年サイクルであることから、社債スプレッドは信用サイクルを把握するときの有効な指標として位置づけられています。

社債スプレッドとは

同年限の社債利回り－国債利回り＝社債スプレッドとなります。単位は「％」または「bp＝ベーシスポイント（0.01％）」。信用力を表す格付が高いほど、社債利回りは低くなり、社債スプレッドも縮小します。

信用サイクルにおけるリスクオン〜レバレッジの局面は、リスクオフ〜財務緊縮に比べて長期にわたります。この間、株価はゆっくり上昇しますが、いったんリスクオフに入ると短期間で大幅に下落します。株価下落に備えてリスクオフの到来を察知したいところですが、実際はレバレッジに入った時点で気づいていないと間に合いません。そんなときは社債スプレッドの推移を追うのが有効です。**リスクオンとレバレッジでは株価の動向こそ似ていますが、社債スプレッドの動きは対照的。レバレッジの特徴である株価上昇と社債スプレッドの拡大が同時に起きたら危険信号です。**同じように株価は上昇しても、社債スプレッドはリスクオンでは縮小し、レバレッジでは拡大します。ここの見極めが肝心です。

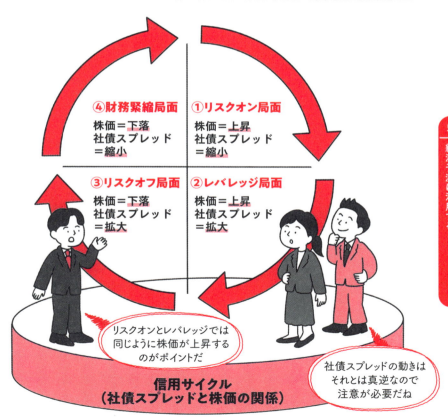

「株価上昇＋社債スプレッド拡大」は要注意

④財務緊縮局面
株価＝下落
社債スプレッド＝縮小

①リスクオン局面
株価＝上昇
社債スプレッド＝縮小

③リスクオフ局面
株価＝下落
社債スプレッド＝拡大

②レバレッジ局面
株価＝上昇
社債スプレッド＝拡大

リスクオンとレバレッジでは同じように株価が上昇するのがポイントだ

社債スプレッドの動きはそれとは真逆なので注意が必要だね

信用サイクル
（社債スプレッドと株価の関係）

KEY WORD → ☑ 景気のバロメーター

06 金融政策サイクルは四季にたとえられる

4つの局面を持つ金融政策サイクルは、
春夏秋冬の移り変わりにたとえることができます。

金融政策サイクルには大きく4つの局面があり、その性格から四季にたとえることができます。**春は景気に明るい兆しが見える時期。それが盛り上がりを見せるのが夏です。秋には一転、肌寒さを感じるようになり、やがて寒風吹きすさぶ冬がやって来ます。**極端かもしれませんが、このようなイメージです。そして季節がひとめぐりしたら、また暖かな春が訪れるというわけです。長期金利（10年国債利回り）と短期金利（政策金利）も、この季節ごとにそれぞれ異なる動きをするので、その特徴を覚えておきましょう。

長期金利は短期金利に先行する

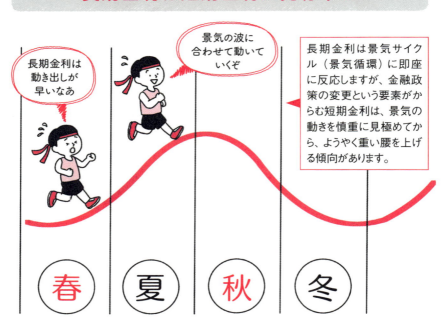

128

春に長期金利が上昇すると、夏に短期金利が上昇します。そして秋に長期金利が低下すると、冬に短期金利が低下します。長短の金利では変動する季節に1つズレがあるのです。これは長期金利が主に景気の影響を受けるのに対し、短期金利は金融政策の影響を受けるのが理由です。長期金利は、春に景気が回復して資金需要が増加すると上昇、秋に景気が失速して資金需要が減退すると低下します。そんな景気の変化に敏感な長期金利は、さしずめ**景気のバロメーター**といえるでしょう。逆に短期金利は慎重派。景気と併走する長期金利に比べ、短期金利は景気の変化を見極めるまで動きません。大がかりな金融政策の変更は市場金利への影響が大きく、景気の動向を確認しながら慎重に行われるもの。その時々で反射的に利下げ・利上げというわけにはいかないのです。

金融政策の四季にはそれぞれ特徴がある

冬から春にかけての景気の底、夏から秋にかけての景気の天井を迎えたとき、中央銀行（日本銀行）は利下げ・利上げに踏み切る前に慎重に景気の動静を見極めようとします。結果、「金融政策の様子見」期間が生じ、春と秋に短期金利は横ばいになります。この期間はだいたい1年で、これが短期金利が動くときのタイムラグとなります。

KEY WORD → ☑ 長短金利差、景気の先行指標

07 長短金利差の縮小は景気減退のサイン

長短金利差は長期金利と短期金利の動きの違いを反映して変化するため、景気の先行指標として役立てることができます。

「**長短金利差**」は文字通り長期金利と短期金利の差。長期金利から短期金利をマイナスしたもので、**景気の先行指標**とされています。長期金利は短期金利よりも高く、ほとんどの期間は金利差プラスで推移します。この長短金利差の変化は、長期金利が短期金利に先行して動くことで生じるもの。**景気の先行指標といわれるだけあって、長短金利差を念頭に置いておけば、景気の動向をかなりの確率で予測することができます。**なお、長短金利差が逆転する局面があります。四季にたとえたときの、夏から秋へと季節が移り変わる時期です。

行動派の長期金利と慎重派の短期金利

長期金利が景気にリンクして動く一方、短期金利はワンテンポ遅れて動き始めます。そうした両者の性質の違いが、長短金利差の変化として表れます。

春に長期金利が上昇を始めても短期金利は慎重派。じっと動かないため、長短金利差は拡大します。それが夏になると、ようやく短期金利が金融政策によって動きを見せます。利上げです。先行していた長期金利は、ここでいくらか短期金利に追いつかれて長短金利差は縮小します。秋の兆しが見えるこのタイミングが、景気が減速していくサインです。このとき慎重派の短期金利は上昇したまま、しばらく動きを変えることはしません。一方、景気の動きに敏感な長期金利はというと、秋の向こうに冬の気配を感じると、利下げに備えて低下し始めます。これが夏から秋に季節が変わるときに長短金利が逆転する理由です。

夏の金融政策の引き締め局面（利上げ）で長短金利差がマイナスになったら、冬の景気減速局面（利下げ）が近いサインと考えることもできます。

長短金利差が逆転すると冬はもう間近

夏から秋へ変わるタイミングで長短金利差が逆転すると、金融の引き締め局面は終わって景気の減速局面（秋）となります。そうすると景気の後退局面（冬）はすぐそこです。

KEY WORD → ☑ 日銀の庭先、期待実質成長率、期待インフレ率、リスクプレミアム、名目GDP

08 名目GDPから長期金利の動向を読む

長期金利の動向は名目GDPの推移に表れるものですが、
日本経済は異次元緩和の下で予測困難な状態になっています。

短期金利を左右するのは日本銀行による金融政策です。短期金融市場が「**日銀の庭先**」と呼ばれるのはそのため。一方、**長期金利は「期待実質成長率」、「期待インフレ率」、「リスクプレミアム」という3つの要因で決まります**。期待実質成長率は将来期待される実質GDPの成長率、期待インフレ率は将来のインフレの予測値、リスクプレミアムはリスクのある資産の期待収益率から無リスク資産の収益率を引いた差のこと。このうち前2つに注目すると、「期待実質成長率＋期待インフレ率＝期待名目成長率」という公式が成り立ちます。**期待名目成長率は物価の騰落を含んだ、将来にわたり予想される経済成長率のこと**です。

長短金利はどう決まる

長期金利の決まり方
一般的には3つの要因によって決まるとされています。

これらを踏まえて名目GDPの推移を読めば長期金利の今後がわかる

短期金利の決まり方
短期金融市場は「日銀の庭先」。日本銀行の政策次第で市場が動いていきます。

経済成長率の推移は同期間の「**名目GDP**」（物価動向を含んだ国内総生産）に反映され、これを見ることで長期金利の動向を読みとることができます。問題は、現在の日本の債券市場が健全な機能を失っていること。日銀は金利のコントロールという従来の景気対策から、資金供給量を拡大してデフレ脱却を目指す量的・質的金融緩和（異次元緩和）にシフトしました。そうして**従来の枠組みから外れる金融政策をとったものの、名目GDPの伸び率は目標とされた2％を持続的に超えられないのが現状です。**現在は一般的な金利形成のロジックが成り立たない不健全な状態といえるので、なかなか先の見通しは立ちません。

2％の壁が高い

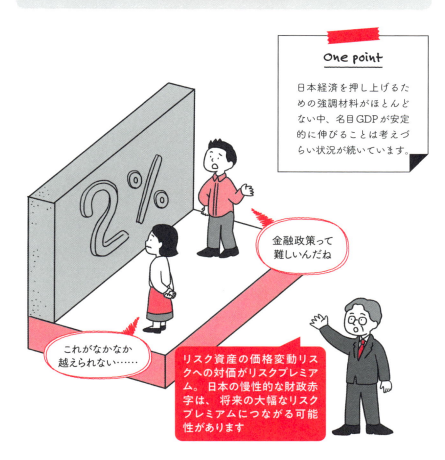

One point

日本経済を押し上げるための強調材料がほとんどない中、名目GDPが安定的に伸びることは考えづらい状況が続いています。

金融政策って難しいんだね

これがなかなか越えられない……

リスク資産の価格変動リスクへの対価がリスクプレミアム。日本の慢性的な財政赤字は、将来の大幅なリスクプレミアムにつながる可能性があります

KEY WORD → ✓ 日本の金利

09 なぜ日本の金利は欧米よりも低いのか？

欧米先進国と比べて、日本の金利は突出した低水準が続いています。どのような理由があるのでしょうか。

物価が上昇すると資金需要が増えるため、金利上昇の要因になります。そこで**日本の金利の現状ですが、将来期待される経済成長率・物価上昇率ともに欧米より低いのが実状です。そうなると当面、長期金利の大幅な上昇は見込めません。**事実、アメリカと比べて日本の長期金利は低水準で推移しています。2008年後半に発生した世界的な金融危機を経て、欧米諸国の主要政策金利も日本と同水準になりました。その後利上げを始めたアメリカを除き、欧州諸国の短期金利も日本とそれほど大きな差はなく低水準にあります。決定的に違うのは長期金利です。

欧米諸国と比較してみても……

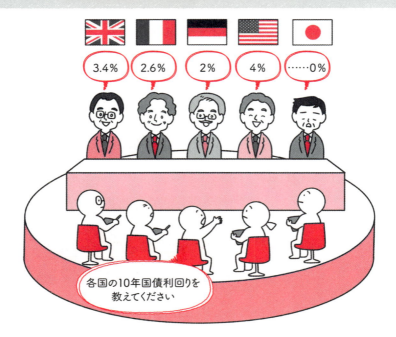

各国の10年国債利回りを教えてください

英 3.4% / 仏 2.6% / 独 2% / 米 4% / 日 ……0%

10年国債利回りを見ると日本がほぼ0%であるのに対し、ドイツ2%、フランス2.6%、イギリス3.4%、アメリカ4%となっています（2022年11月）。理由はいたってシンプルで、欧米と比べて、日本では予想されるGDP成長率が低いからです。2022年2月から始まった、ロシアのウクライナ侵攻など外的要因もあって物価は上昇傾向になっています。しかし需要減少というデフレ構造が大きく変わらないため、日本の長期金利は依然として低水準のまま。預貯金の金利がほぼ0％というのは正常な姿とはいえません。しかし、日本経済の地力が弱くなっている今、**ここで日銀が無理に金利を上げようとすると、円高ドル安が急進行するなどして、経済に大きな悪影響を与える結果になりかねません。**

低金利は日本経済の実状を表している

KEY WORD → ☑ 金融政策決定会合、経済・物価情勢の展望

10 日銀の「金融政策決定会合」の結果に注目する

経済現況に関する日銀のスタンスを知るには、「金融政策決定会合」と「経済・物価情勢の展望」が手がかりになります。

金利の動きを予測するには、日銀が経済の現状や先行きをどう見ているかを知る必要があります。具体的には「**金融政策決定会合**」の結果と、年4回公表される「**経済・物価情勢の展望**（展望レポート）」に注目します。**金融政策決定会合は、我が国の金融政策が決定される重要な場で、日銀政策委員会により年8回開催されます。**特筆すべきは、その結果が会合終了後、「当面の金融政策運営について」という文書の形ですみやかに公表されること。速報性の高いこの公表文には、見逃がせない4つのポイントがあります。

日銀の金融政策の方向性をつかむ

年8回開催の「金融政策決定会合」の結果、その後の総裁会見のほか、「経済・物価情勢の展望（展望レポート）」も含めた重要な情報は、全て日銀のホームページに掲載されています。

①長短金利操作の目標水準と資産買い入れ方針、②景気・物価・金融情勢の現状認識と先行きの見通し、③その見通しに対するリスク要因、④それらを踏まえた金融政策の運営方針。公表文に記された以上4点に加えて会合終了後、日銀総裁が記者会見を行います。ここまででも十分な情報量になりますが、さらに詳しい情報を知りたければ、一定の時間待たなくてはなりません。会合で出た主な意見は会合終了から1〜2時間以内、議事要旨は会合終了から1週間以内、詳細な議事録は10年後に公表されます。また、**よりまとまった日銀の経済見通しは、1、4、7、10月に公表される「経済・物価情勢の展望（展望レポート）」でわかります。そこには景気や物価の現状認識と今後の見通し、実質GDPおよび消費者物価指数の向こう数年度にわたる予想数値などが記されています。**

物価変動を数値化した消費者物価指数

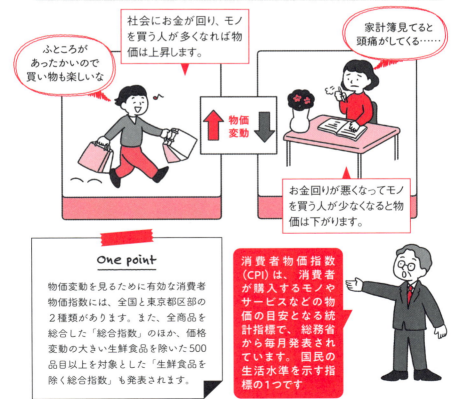

One point

物価変動を見るために有効な消費者物価指数には、全国と東京都区部の2種類があります。また、全商品を総合した「総合指数」のほか、価格変動の大きい生鮮食品を除いた500品目以上を対象とした「生鮮食品を除く総合指数」も発表されます。

消費者物価指数（CPI）は、消費者が購入するモノやサービスなどの物価の目安となる統計指標で、総務省から毎月発表されています。国民の生活水準を示す指標の1つです

KEY WORD → ☑ 先物取引、現物取引、差金決済方式

11 先物取引の価格から金利の動きを読む

短期金利を商品とした「金利先物取引」では、先物価格の動きを見て金利の動向を読みとることができます。

将来の、ある時点で商品を売買するとして、その契約を事前に済ませておく取引を「先物取引」といいます。これに対して、実際に商品を渡し、代わりに代金を受け取る通常の取引を「**現物取引**」といいます。先物取引では契約後に商品の価格が大きく変動した場合、売買時点で当事者のどちらかが損をする可能性があります。この問題をクリアするため、期日前でも売買可能なしくみになっています。**現物のやりとりをせず、期日前に価格が変動して生じた差額（差金）だけを互いに受け渡しする取引方法を、「差金決済方式」と呼びます。**

先物取引のしくみ

現在: その場で現物と代金の受け渡しをする現物取引に対し、期日に取引時点で決められた価格で売買することを約束する取引が、先物取引です。

3カ月後（将来）: 取引期日を事前に決めてありますが、商品価格の変動に対するリスクヘッジとして、期日前でも売買を行うことができます。

金利先物取引も、通常の先物取引と変わりません。事前に決めた期日、事前に決めた条件で取引する契約をします。ただし取引対象は商品ではなく短期金利。金利や金融商品を対象とする金融先物取引は、東京金融取引所で行われています。なお、金利先物の価格は「100 −金利（年率・%）」で表示されます。たとえば金利が0.075%のときは、100 − 0.075 = 99.925 となります。先物価格の動きから金利の動きを読みとることもできます。**たとえば、先物価格が上昇していれば金利が低下している表れですし、逆に先物価格が低下していれば金利が上昇している表れとなります。**以前は、このように金利先物相場の動きを見ることで、将来の金利水準を先読みすることも可能でした。ところが、最近では先物の売買高も少なくなったことから、その先読みも次第に難しくなっています。

差金決済方式とは

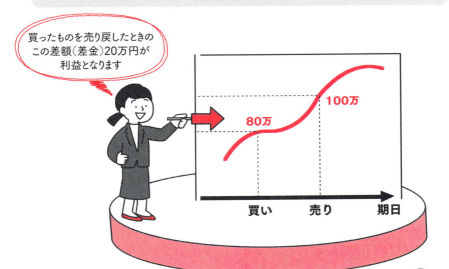

差金決済方式
現物の受け渡しを行わず、価格の変動によって生まれた差額部分だけを取引する方法。たとえばAさんがBさんからあるモノを買い、2カ月後に時価でBさんに売り戻すという約束をする。2カ月後にもし、そのモノの価格が上がっていれば、その差額分がAさんの利益となる。

差金決済方式では現物の受け渡しはないので、現物を持っていない人でも取引を行うことができます

KEY WORD → ☑ 鉱工業生産、日銀短観、実質GDP1次速報、機械受注、消費者物価指数

12 金利と経済の動向を読み解く 5つの経済指標

景気や物価の動きをつかむ助けとなる経済指標。ここでとり上げる5つの指標も、金利動向を読み解くのに役立ちます。

経済産業省が毎月発表する「**鉱工業生産**」は、鉱工業（製造業中心）の生産・出荷・在庫の状況を指数化した指標。ここから「在庫循環」の動きをつかみます。在庫循環とは、企業の在庫が増えたり減ったりする波のことです。次に、日銀が四半期ごとに発表する「**日銀短観**（全国企業短期経済観測調査）」。日銀が企業に対して大規模なアンケートを実施し、景気の現状および先行きの認識や、売上・収益・設備投資計画の数値などを調査したものです。**企業マインドが反映されるため、日銀の金融政策運営への影響が大きい指標とされています。**

5つの重要な経済指標

この5つを押さえておけば経済動向をつかめるんだね

①鉱工業生産
製造業の生産活動の状況がわかる

②日銀短観
企業マインド（景況感）がわかる

③実質GDP1次速報
日本経済全体の状況がわかる

④機械受注
企業の設備投資の状況がわかる

⑤消費者物価指数
物価（モノやサービスの価格）の目安となる

うん。現在は注目度が下がっているものもあるけどね

政府・日銀が異例の経済政策をとっている最中なので、現在は指標として参考にならないものも出てきています。

3つ目の「**実質GDP1次速報**」は、内閣府により四半期ごとに発表されます。実質GDPの最も早い公表数値で、日本経済全体の状況をつかむことができる指標です。惜しむらくは当該四半期終了の約1カ月半後に発表されること。速報性に欠けるため相場を動かす要因となりづらく、金融市場で材料視されることは少ないようです。4つ目は、同じく内閣府が毎月発表する「**機械受注**」。設備投資を行う前段階として、企業が機械メーカーに発注した際の受注額を集計した数値です。実際の設備投資より3～6カ月先行するため、注目度の高い指標といえるでしょう。そして最後に、**総務省が毎月発表する「消費者物価指数」。消費者（全国の世帯）が購入するモノやサービスなどの物価の目安となる統計指標です。金融政策への影響も大きいため、最も重要な物価指数とされています。**

日常生活での感覚も大事

一般の人々が日常の中で感じる生活感覚もあなどれません。各種の指標も万能ではなく、物価状況を正確に反映しているとは限らないからです。たとえば、モノが安くなり物価低下の兆候を感じたなら、それが市場金利が下がる前触れかもしれないのです。

KEY WORD → ☑ 要人発言

13 「要人発言」の受けとり方には要注意

「要人発言」は経済予測のヒントにもなりますが、ミスリードされないよう、発信者の立場を踏まえて内容を見極めましょう。

各種の経済指標と並び、金利動向を読むときに最も重要になるのが「**要人発言**」です。要人とは、政府や中央銀行など重要機関に所属する重要人物のこと。そんな要人たちの発言（情報発信）を正しく分析するためには、2つのポイントを押さえておく必要があります。**「情報発信者がどのような立場にある人か」**、そして**「その人にとって、発信した情報がどのように受け止められると最も都合がよいか」の2点です。**つまり発信者の立場に身を置いて考える必要があるということです。

結論部分だけに注目するのはNG

発信者の身になって考えることで、今まで見えてこなかったものが見えてくることでしょう。このとき**発信しているのは個人であっても、発信内容にはその人物が所属している組織の意図も含まれます。また、その意図は多くの場合、隠されているものです。発信内容が政治経済に大きな影響を与えるとなれば、なおさらでしょう。**だからこそ、真の意図を読み解くことが大事になってくるのです。政府当局者が講演や記者会見の場で経済動向についてコメントする際、楽観的な意見で締めるのが通例ですが、これにも注意が必要です。政府要人が、話の最後にネガティブな内容を持ってくることはまずないからです。メディアは安易に結論部分だけをピックアップする傾向がありますが、事実を知りたければ発言全体をチェックして発信の真意を探るようにしましょう。

要人発言に見られるテクニック

ポジショントーク

これから株価は間違いなく上がります！

市場でよく耳にする「ポジショントーク」。自分の立場を有利にするための政治的発言で、願望が先に立った主観的な内容になります。

ヘッジをかける

ここで再びデフレ基調に転じる可能性もある

見通しや予想が外れてしまう場合に備え、逃げ道を作ることを「ヘッジをかける」といいます。要人発言ではよく用いられるテクニックです。

column
No.5

経済予測に大切な3つのステップ

　経済の動向を予測するには①情報収集、②情報の選別、③予測立ての3つのステップを踏むことが重要です。これを繰り返してその都度修正を加えていくことで、精度の高い予測をすることができます。

　まず情報収集では、国内外の新聞やインターネットメディア、官公庁から発表されている資料など、さまざまな情報をとにかく幅広く集める必要があります。しかし、情報量が多ければ多いほど整理が大変なうえに、誤った情報をつかんでしまう可能性もあるので注意が必要です。

そこで行うのが、情報の選別です。これは、重要度ごとに情報を取捨選択・分類する作業のことです。情報の重要度は一定ではなく、その時々で変化するため、その変化をくみとり、必要な情報を選択していく力が必要なのです。

　最後の予測立てでは、選択した情報を組み立てて、経済の動向を予測した1つのシナリオをつくります。金利市場の場合であれば、「景気」「物価」「金融政策」「財政政策」「需給」の5つのカテゴリーに分けてシナリオを構築すると、情報を整理しながら的確な予測をしやすくなります。

Chapter 6

KINRI NO SHIKUMI
mirudake notes

暮らしに役立つ金利のしくみ

私たちの暮らしの中には、
金利のしくみによって動いているものが
たくさんあります。
知っておけば得する知識から、
知らないと損をしてしまうものまで、
毎日を賢く生き抜いていくために役立つ
金利のしくみを見ていきましょう。

KEY WORD → ☑ 変動金利型、固定金利型、5年ルール、125％ルール

01 変動？ それとも固定？ 住宅ローン金利の選び方

住宅ローンには金利が変わるタイプと変わらないタイプがあります。状況に応じて、お得なほうを賢く選びましょう。

住宅ローンには、「**変動金利型**」と「**固定金利型**」があります。変動金利型は借り入れ中に金利が変動するので、金利低下が予想される状況だとお得になります。なお、**住宅ローンの変動金利型には「5年ルール」が設けられています。これは、金利が上昇しても5年間は毎月の返済額が変わらないという決まり**です。5年経過後、6年目からの毎月の返済額に関しては、今までの返済額の125％の金額までしか上げられない「**125％ルール**」もあります。ただし毎月の返済額は抑えられても、増えた分の利息が減るわけではありません。

住宅ローンは2タイプに分かれる

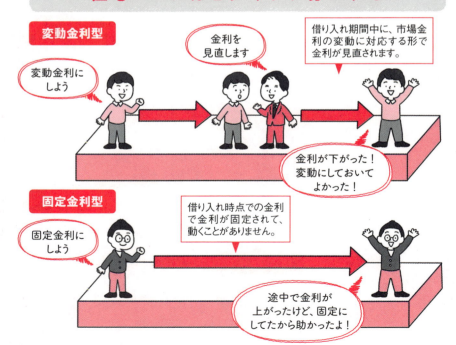

固定金利型を選ぶと、一定期間中、金利が変動しません。ただしその期間が長くなるほど、金利は高くなります。**固定金利型には「段階金利型（段階的に金利が上がる）」「固定金利期間選択型（1～10年後に金利タイプを選び直す）」「全期間固定型（完済まで金利が変わらない）」の3種類があります。**変動金利型と固定金利型には、それぞれメリットとデメリットがあるので、ローンを組む段階で試算して検討しなければいけません。また、住宅ローンは完済までの期間が長いので、途中で金利が思わぬ動きを見せるケースがあることも覚えておきましょう。

金利の動きを読んで判断する

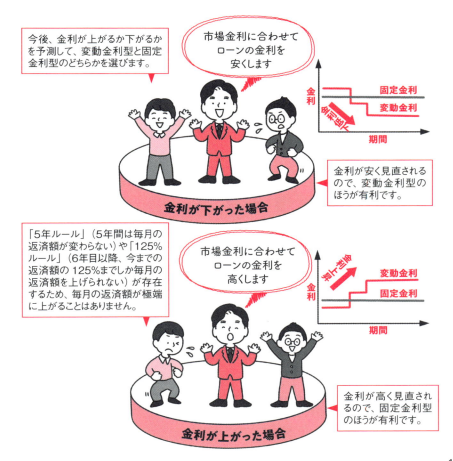

KEY WORD → ☑ 繰り上げ返済、バランスシート

02 ローンの繰り上げ返済で家計の収支を改善する

資産とローンの状況によっては、前倒しで返済する「繰り上げ返済」をしたほうがよいケースもあります。

ローンを返済していく中で、**繰り上げ返済**を行うとお得になることがあります。**繰り上げ返済とは、元金の一部または全部を当初の予定より早く返済することです。繰り上げ返済のメリットは、繰り上げて支払う分の金利は支払わなくてよくなるというものです。**繰り上げ返済をしたほうがよいかどうかは、**バランスシート**で判断できます。企業の会計で使われますが、家計にとり入れることもできます。バランスシートにはその左側に貯金や不動産などの資産、右側にローンなどの負債を書き、これを見ることで資産の状況が直感的にわかるようになるのです。

将来支払う金利を減らせる繰り上げ返済

3年分前倒しで払うぞ

ローンの元金の一部、または全部を前倒しで返済するのが繰り上げ返済です。元金が減るので、その減った分の元金に対応する金利を支払わなくてよくなります。

元金

35年固定
年1.4%

元金の一部を繰り上げ返済することを「一部繰り上げ返済」といいます。一部繰り上げ返済には、返済期間を短縮する「期日短縮形」と、毎月の返済額を少なくして期日は元のままの「期日据置型」があります。

バランスシートの中で、左側の資産と右側の負債の状態を比べます。**預金の金利が低いせいで預貯金から得られる金額が少なく、ローンの金利差と比べて損をしている状況なら、預貯金の一部をローンの返済に回して繰り上げ返済したほうがよいでしょう。** 預貯金が減ると預貯金の利息は減ります。減った預貯金の利息と、ローンの元金が減ることで節約できる金利を比べて、得する範囲で繰り上げ返済をしましょう。ただし、いくら計算上では得だとしても、預貯金全額をローンの返済に回してはいけません。予想外の事態に対応できるように、いくらかの予備的資金は残すべきです。予備的資金の金額は、収入の3カ月程度が一般的ですので、そのくらいのお金はいつでも引き出せる普通預金口座に残しておくと安心できるでしょう。

バランスシートで判断する

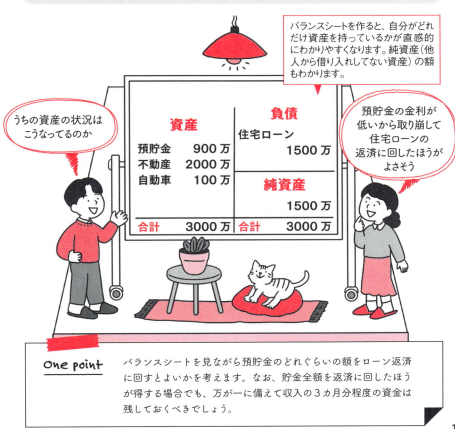

One point　バランスシートを見ながら預貯金のどれぐらいの額をローン返済に回すとよいかを考えます。なお、貯金全額を返済に回したほうが得する場合でも、万が一に備えて収入の3カ月分程度の資金は残しておくべきでしょう。

KEY WORD → ☑ 借り換え返済

03 ローンの利率を下げる「借り換え返済」

現在のローンの金利が高い場合は、ほかの金融機関の金利が低いローンに乗り換えることを検討しましょう。

P148で解説した通り、住宅ローンには金利が変動するタイプと変動しないタイプがあります。変動しない固定金利型の場合、金利が高いときにローンを組んで、金利が下がったのに高い金利で返済を続けている人もいることでしょう。こうしたケースでは、**借り換え返済**を使うのも1つの手段です。**現在の低い利率で改めてローンを組み、過去の高い金利のローンを全部返済するのです。** 住宅ローンを現在支払っている先の金融機関は「借り換え返済したほうがお得ですよ」と教えてくれないので、自ら調べて検討する必要があります。

金利の低いローンに乗り換える

金利が低い別の金融機関のローンに乗り換えることを「借り換え」といいます。新しい金融機関から低い利率で借りて、現在のローンを全て返済します

借り換え先の金融機関の候補は1つに絞らず、複数探すようにします。「ほかの銀行だとこういう条件が出ています」などと伝えれば、より有利な条件を金融機関から引き出すことができるはずです。低い金利でローンを組めれば、それだけ安く家が買えることになるので、遠慮せずに金融機関と交渉しましょう。ネット上には借り換えを実行することで、どれだけ得をするかのシミュレーションをできるウェブサイトがたくさんあります。そうしたウェブサイトも利用しながら、どれだけ得できるかを調べてみましょう。**金利を1％下げるだけで、住宅の購入価格が1割も安くなる**こともありますので、住宅ローンの金利を少しでも下げる工夫は家計のために重要です。

複数の金融機関と交渉する

当行は特典もご用意します！

ほかの銀行だともっとよい条件だったんですよね

借り換え返済を検討する場合、借り換え先の候補は複数リストアップしましょう。1社だけに当たらず、「A銀行だとこういう条件なんですけど」と交渉して、よりよい条件を引き出すのです。

one point

最近の主流は、変動金利型ローンへの借り換えですが、これから金利が上昇する兆しが出てきたので、慎重に選択する必要があります。長期の固定金利型ローンを組んでいる人は、情報を集めてみましょう。

KEY WORD → ☑ 外貨預金、預金保険制度

04 超高金利の外貨預金のカラクリ

外貨預金には短期の預金で非常に高金利の商品もありますが、そのカラクリには注意しなければいけない場合があります。

金融商品の1つとして、**外貨預金**があります。その名前の通り、外国の通貨で預金をすることです。外貨預金の中には、1カ月という短期なのに年利が10％を超える高金利のものもあります。通常、短期の場合は長期よりも金利が低くなるのが原則です。こうした高金利にはカラクリが隠されている場合があります。**実は最初の1カ月だけ10％超の高金利が適用されて、2カ月目以降は通常の金利に戻るようになっているものもあるのです。**

超高金利な外貨預金のヒミツ

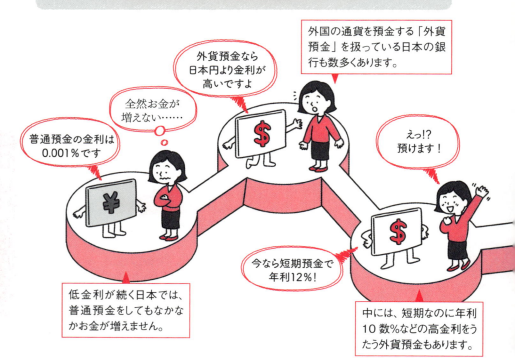

最初の1カ月だけ高金利という金融商品は、金融商品を販売する側からすれば「高い金利を払わなければいけないのは短期間だけ」と考えることができます。そのため、高金利の短期外貨預金という金融商品が成立するのです。「1カ月だけでも金利が高いならお得では？」と考えるかもしれませんが、外貨預金を預けるときや引き出すときの手数料を忘れてはいけません。預金の金額が大きくなるほど、手数料も高くなるのが一般的です。「1カ月の高金利に魅力を感じて外貨預金をしてみたけれど、結果的に損をしてしまった……」といったことにならないように、預け入れの前にシミュレーションするようにしましょう。また、外貨預金は**預金保険制度**（銀行が破綻したときに、預金者を守るしくみ）の対象外であることも忘れないようにしてください。

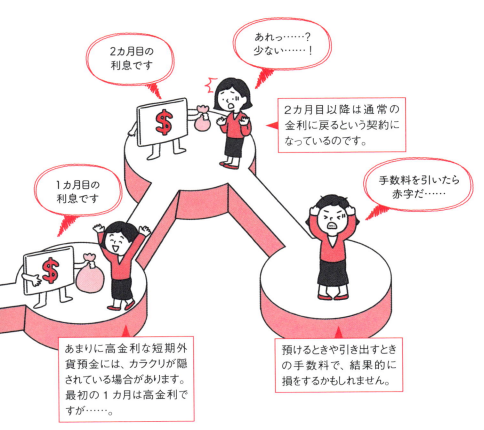

KEY WORD → ☑ 機会収益の逸失リスク

05 固定金利商品に潜む「機会収益の逸失リスク」

「市場の影響を受けないから固定金利型は安心」と思われがちですが、固定金利ならではのリスクも存在します。

銀行が取り扱う預金や国債には、固定金利型と変動金利型の2つのタイプがあります。市場の状況に影響を受けて金利が変わる変動金利型に対して、金利が変動しない固定金利型のほうはリスクが少ないと思われることが多いです。**「金利が変わらないから安心」と考えられがちなのですが、実は固定金利型にもリスクがあります。固定金利型のリスクは、むしろ金利が変わらないということから生まれます。そのリスクは「機会収益の逸失リスク」と呼ばれています。**

固定金利だと儲けのチャンスを逃す？

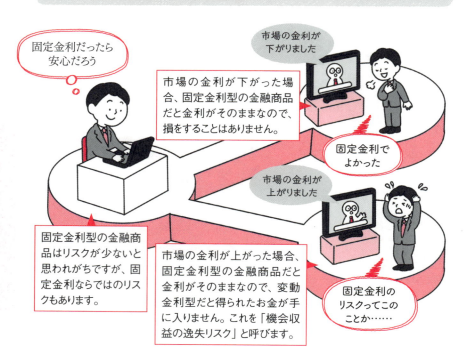

156

機会収益の逸失リスクとは、金利が変動した場合でも、固定であったがために利益を得られないことを指します。たとえば、固定金利型の金融商品を購入したとします。固定金利型なので入ってくる利息の金利は一定です。市場の金利が下がった場合でも利息は下がらないので安心ですが、反対に市場の金利が上がった場合でも、手に入る利息は上がりません。**変動金利型を選んでいれば、より大きな利益を得られていたのだとすると、そのチャンスを逃してしまうことをリスクと捉えることができるのです。**なおかつ、金利が上がっているときは物価も上がっていますので、所有している金融商品の金利が上がらないと、さらに損をしていることになります。金利が上昇しないまま物価の上昇（インフレ）が進んだ場合は、資産の実質的な価値が下がるので、「資産が目減りする」といえます。

金利が上がらないと資産が目減りする

KEY WORD → ☑ リボ払い

06 リボ払いで陥る金利の罠

クレジットカードの返済方式の1つ「リボ払い」。
使い方を誤ると、いつまでも返済が終わりません。

クレジットカードの支払い方式の1つ「**リボ払い**」も、金利のしくみが深く関係しています。そのしくみを知らないと、いつまでも返済が終わらなくなる危険性もあります。リボは「リボルビング方式」の略で、弾倉が回転して次々と弾丸を発射できるリボルビング銃が語源です。リボ払いは、**利用金額や利用件数に関わらず、事前に決めた金額を月々支払う**というものです。リボ払いには定額方式、残高スライド方式がありますが、どちらも残高がある限り、支払いを続けなければなりません。

毎月同じ額を支払うリボ払い

リボ払いとは、事前に決めた金額を月々支払う、クレジットカードの支払い方法の1つです。支払い残高がなくなるまで、支払いを続けなければいけません。

リボ払いの「リボ」は、リボルビング銃という銃に由来しています。弾倉が自動的に回転して次々と弾を発射できるところと、リボ払いの次々と定額を支払っていくしくみが似ているからです。

リボ払いでの月々の支払いは、あらかじめ決めた金額＋手数料の合計です。手数料は残高に反映されませんので、支払ったお金の全てが残高を減らすわけではないことに注意しないといけません。リボ払いでは、カード会社から「これまでずっと1万円を払っていただきましたが、残高が減ってきたので次は8000円で大丈夫ですよ」と言われることがあります。**支払額が減って安心と思うかもしれませんが、毎月の支払額が減ることで、元本が減りづらくなって完済までの期間が伸び、結果的に支払う総額は増えてしまうのです。**カード会社がより多くの利息を得るための戦略といえるでしょう。反対に残高が増えた場合でも、支払い額の中の手数料の割合が増えて、いくら払っても残高が減らないこともあります。支払い残高を常にチェックしてコントロールできる自信がある人以外はリボ払いをできるだけ使わないようにすることが賢明でしょう。

支払いが終わらない

例：30万円の買い物をし、月々8000円のリボ払い（手数料率15％）

KEY WORD → ☑ 過払い金、改正貸金業法、消費者金融、質屋営業法

07 上限を超えた「金利の過払い」は返還請求ができる

借りたお金の金利の上限は法律で決められています。
それを超えて支払った分は業者から取り返すことができます。

法律事務所のCMなどで「**過払い金**請求」という言葉を聞いたことはありませんか？　借りたお金には金利がつきますが、2010年に施行された**改正貸金業法**で、年利の上限が15〜20%になったのです。これを超えてお金を貸すことは違法で、法律上無効になります。つまり、超えた金額は支払わなくていいのです。過払い金は、この金利の上限を超えて払いすぎたお金のことを指します。払わなくてもよかったのに払ってしまったこれらのお金は、貸金業者からとり返すことができるのです。

借りた金額で金利の上限は決まる

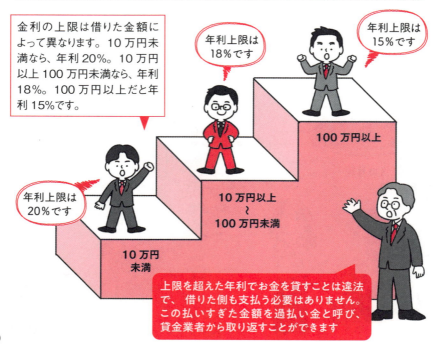

金利の上限は借りた金額によって異なります。10万円未満なら、年利20%。10万円以上100万円未満なら、年利18%。100万円以上だと年利15%です。

年利上限は20%です

年利上限は18%です

年利上限は15%です

10万円未満

10万円以上〜100万円未満

100万円以上

上限を超えた年利でお金を貸すことは違法で、借りた側も支払う必要はありません。この払いすぎた金額を過払い金と呼び、貸金業者から取り返すことができます

金利の上限は、借りた元本の金額によって異なります。**借りたのが10万円未満だと、年利20％。10万円以上100万円未満だと、年利18％。100万円以上だと、年利15％。これが金利の上限です。**過払い金請求の対象となるのは、**消費者金融**、クレジットカードです。なお、お金を貸す業種でも質屋は、**質屋営業法**で金利の上限が決まっているので、違いがあります。利用者は質屋に物（質草）を預け、それと引き換えにお金を借ります。原則的に3カ月を過ぎてもお金を返さないと、質流れ（質草の所有権が質屋に移ること）になります。こうした特殊な形態であり、取引が基本的に短期で少額であることから、上限年利は109.5％と高めに設定されています。質流れになったときには、お金を返済しなくてよいので、このような高めの金利になっているのです。

質屋の金利はほかの貸金業者と違う

質屋では利用者が持ち込んだ品物（質草）と引き換えにお金を貸します。原則として、3カ月以内にお金を返さないと、質草の所有権は質屋に移ります。質草を手放す代わりに、利用者はお金を返さなくてもよくなるのです。

このバッグを預けますのでお金を貸してください

質屋の上限年利は109.5％です。消費者金融やクレジットカードと比べて高い年利が許されるのは、取引が基本的に少額で短期間であり、質草の鑑定・保管にコストがかかり、なおかつ質草を手放せば利用者が返済に追われなくなる事情があるからです。

KEY WORD → ☑ ネット銀行、フィンテック

08 高金利で手数料の低い「ネット銀行」を活用する

実店舗を持たないネット銀行を上手く活用すれば、
高い預金金利や低い手数料のメリットを受けることができます。

銀行を利用すると、さまざまな場面で手数料が発生します。お金を引き出したり、振り込んだりするたびに手数料を支払わないといけません。この手数料を低く抑えたいと思う人におすすめなのが、**ネット銀行**です。**一般的な銀行と違って、賃料や人件費などがかさむ実店舗を持たないため、手数料が安くなったり、預金の金利が高く設定されていたりします。**中には大手の銀行の10倍以上もの金利が得られるネット銀行もあるので、ぜひ一度調べてみましょう。

リアル店舗を持たない強み

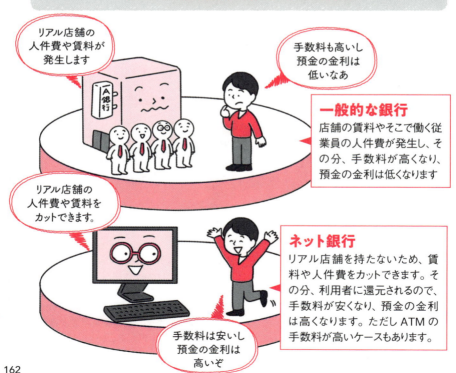

気をつけなければならないのは、店舗を持たないことから専用ATMがないネット銀行では、ATMを利用した際の手数料が高くなることもあります。ネット銀行によってはATMを無料で利用できる回数を設定してあるので、賢く使うようにしましょう。これからは「**フィンテック**」（ITを活用した金融サービス）がますます発展していくと考えられています。テクノロジーを活用した新しい金融サービスが、私たちの暮らしをより便利にしてくれるかもしれません。

ITを活用した新しい金融

フィンテック
金融（Finance）と技術（Technology）の合成語。ITの導入によって、よりスピーディーで、安全で、低コストな金融サービスが実現できると期待されている。

フィンテックの代表例

KEY WORD → ☑ 一括前納

09 一括前払いで支払いを減らせるお金

保険料、年金、NHK受信料など毎月必ず支払うものは、一括して前払いすると割引が受けられます。

毎月の家計簿をつけていたら、保険料、公共料金など、毎月必ず支払うことになっている項目があることがわかるはずです。もし経済的に余裕があるのであれば、先の分までまとめて支払ってみるのもおすすめです。**保険、年金、一部の税金、NHK受信料などは、前もって一括して払うことで割引が受けられる「一括前納」制度が用意されている場合があります。**たとえば、NHK受信料は地上契約で月額1225円。12カ月分だと1万4700円ですが、一括で前払いすると1万3650円で1050円の割引になっています（2023年10月から若干の引き下げ予定）。

毎月支払うものは一括前納を活用

生命保険
某社の生命保険は月額3560円。
1年の一括前払いだと4万1880円。
840円の割引です。

火災保険
某社の火災保険は月額5430円。
1年の一括前払いだと6万2100円。
3060円の割引です。

自動車保険
某社の自動車保険（任意）は月額3100円。1年の一括前払いだと3万5400円。1800円の割引です。

国民年金
国民年金は月額1万6590円。
1年の一括前払い（口座振替扱い）だと19万4910円。4170円の割引です。

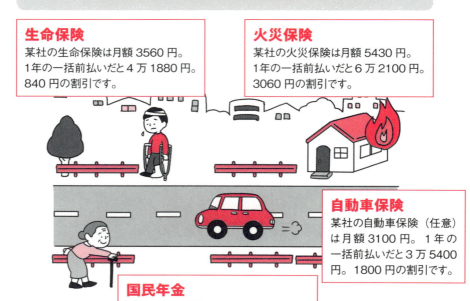

令和4年度の国民年金保険料は月額1万6590円です（※国民年金の保険料は毎年見直されます）。1年分だと19万9080円ですが、1年分を前納すると19万4910円で、4170円の割引が受けられます。2年分の前納なら、割引額は1万5790円になります。**お金を早く支払うということは、早く支払った期間分、お金を受け取った側がそれを運用するチャンスを得たという見方ができます。**これこそ金利の原点であり、一括前納によって対価を受け取れるのは自然なことなのです。

KEY WORD → ☑ 旅行積立、百貨店友の会積立

10 いまだ高金利のまま！「旅行券」「百貨店友の会」積立

高金利のサービスを旅行会社・航空会社、百貨店が提供しています。デメリットも把握したうえで活用しましょう。

金融機関ではない民間企業が行っている積立サービスの中には、思わぬ高金利のものがあります。その代表例が**旅行積立**と**百貨店友の会積立**です。旅行積立は、航空会社や旅行業者がとり扱っているサービスです。旅行に行くためのまとまった費用を貯めるためのしくみで、目標金額を決めて毎月一定の額を積み立てます。満期になったときには積み立てた金額にサービス額が上乗せされます。**これを年利換算すると約3％になり、低金利時代にはありがたい数字です。**銀行預金と違って税金がかからないというメリットもあります。

旅行金を毎月積み立てる

旅行積立は、航空会社や旅行業者が行っているサービスです。目標金額を決めて、毎月一定の金額を積み立てます。

目標30万円で毎月2万4600円積み立てたぞ

年利3％だからお得だ

満期になると、積み立てた金額に上乗せした金額の旅行券（またはツアー料金）が受けとれます。年利換算で3％になるものもあります。

旅行積立は旅行費用のためのものなので、満期を迎えても、旅行券または旅行会社のツアー料金でしか受け取れません。もう一方の**百貨店友の会積立は、毎月同じ金額を積み立てると、1年後の満期には1カ月分の金額のボーナスが上乗せされて返ってくるサービス**です。ただし、旅行積立が旅行券だったように、こちらも現金では戻ってきません。その百貨店でのみ使える商品券などで返ってくるのです。とはいえ、百貨店友の会積立は年利13.3%という高い利率。旅行積立も百貨店友の会積立も、利用範囲が限られていますが、高い年利は魅力的です。ただし、会社が倒産したときにはお金が戻ってくる保証がない、というデメリットがあることは把握しておきましょう。

高利回りで商品券がもらえる

百貨店友の会積立は、百貨店（デパート）が行っているサービスです。毎月一定の金額を積み立てるものです。

1年満期なら1カ月分の上乗せされた金額分の商品券などがもらえます。年利換算で13%を超えるものもあります。

毎月1万円を1年間積み立てたら

ボーナスで1万円上乗せされた

旅行積立も百貨店友の会積立も現金がそのまま戻ってくる形ではありませんが、高利回りは魅力的です。

KEY WORD → ☑ ポイント還元、割引率

11 どちらが得？「10％割引」と「10％ポイント還元」

10％割引と10％ポイント還元。
どちらも10％ですが、実はお得度に違いがあるのです。

家電量販店やディスカウントストアなどの小売店が、消費者へのサービスをするときに、「10％割引」や「10％**ポイント還元**」といった値引きをすることがあります。10％割引は、価格から10％値引きします。10％ポイント還元は、そのお店で使えるポイントが価格の10％分もらえます。どちらも同じ10％ですが、両者にはいくつかの違いがあります。**結論からいえば、前者の現金割引のほうがお得なのです。**

現金の割引のほうがお得

10％割引
10万円のテレビは10％割引だと9万円です。10％割引は、1万円のキャッシュバックをもらえるのと同じです。

10％ポイント還元
10万円のテレビを買うと、1万円分のポイントがもらえます。そのポイントを使って、1万円分の周辺機器を買ったとします。10万円で11万円の買い物をしたので、ここでの割引率は9.1％になります。10％の現金割引よりも割引率は低いのです。

ポイントの場合、そのお店でしか使えないというデメリットがすぐに思いつくはずです。それだけではなく、**割引率**そのものに違いがあるのです。たとえば10万円の商品を10%引きで購入した場合、9万円を出して10万円のものが購入できるので、文字通り10%の割引です。では、ポイント還元の場合はどうでしょうか？　出費自体は10万円でそこに1万円のクーポンが付与されたことになります。つまり、10万円を出して11万円のものが購入できるということです。この場合の割引率は9.1%となり、10%割引とは全く違うということがわかります。
一見同じように見える「割引」と「還元」ですが、「支出はいくらで、結果いくらのモノが手に入るのか」を考えれば、お得度に違いがあることがわかるのです。

なぜポイント還元に惹かれるのか

KEY WORD → ☑ マイナス金利、口座維持手数料

マイナス金利のしわ寄せは預金者にも及ぶのか？

12

2016年に始まったマイナス金利政策。日本銀行と民間銀行の間で行われるものですが、一般預金者にも影響を与えます。

日本銀行（日銀）は2016年から**マイナス金利**政策を始めました。日銀は民間銀行からお金を預かっていますが、その預金の一部の金利をマイナスにするという処置です。すると民間銀行は日銀にお金を預けても、利息がつかないどころか、反対に金利分のお金を支払わなければいけないのです。そうとなれば民間銀行は、企業や個人に積極的に融資しようと考えます。つまり、マイナス金利は、お金が市場に出回って経済が活性化されることを狙ったものなのです。**マイナス金利政策はあくまで、日銀と民間銀行との間であり、一般の預金金利までマイナスになることは当面考えにくいとされています。しかし実は、個人の預金者にも影響が及ぶ可能性があるのです。**

日銀にお金を預けると損をする？

ATMでお金を引き出すとき、多くの場合、銀行の営業時間以外だと時間外手数料が発生します。それに限らず預金者は、日々当たり前のように銀行へ手数料を支払っています。もし、この手数料の金額や徴収される場面が今後さらに増えていくようなことがあれば、実質的にマイナス金利になるかもしれません。たとえば近頃、いくつかの銀行では「**口座維持手数料**」の導入が検討されているようです。口座を保持しているだけで、その管理料として月単位または年単位で徴収されるというものです。**マイナス金利政策によってダメージを受けた銀行が、新しい収益機会を確保しようと模索している**状態だといえるでしょう。マイナス金利政策の影響が、一般の預金金利にも直接反映されることはしばらくなさそうですが、減った利益を補うために、銀行がさまざまな手段をとる可能性があるのです。

マイナス金利で銀行は変わった

マイナス金利はあくまで日銀と民間銀行の間のもので、一般の預金金利がすぐさまマイナスになることは考えにくいでしょう。しかし、マイナス金利で減った利益を補おうとする銀行の戦略によって、一般の預金者も間接的に影響を受ける可能性があります。

投資信託にご興味はありませんか？

この保険にだけは入っておくべきですよ

銀行の窓口での投資信託や保険の販売も、マイナス金利で減った利益をカバーするために必要です。

銀行のサービスを受けるときにかかる手数料の、金額やバリエーションが増えていく可能性があります。

いくつかの銀行では、口座を保有している預金者から管理料を徴収する「口座維持手数料」の導入が検討されています

KEY WORD → ☑ 配当利回り、株式益利回り、配当性向

13 株式投資で重視される「配当利回り」

株式投資の利回りには、配当利回りと株式益利回りがあります。
2つの利回りの違いを把握しておきましょう。

投資をするうえでは、利回りについて考えることが重要です。利回りとは、投資した金額に対する収益の割合のことです。株式投資でも利回りが存在します。**株式投資での利回りは、配当利回りと株式益利回りの2種類に分けられます。**配当とは、決算ごとに企業が得た収益の一部を株主に支払うものです。配当利回りとは、投資した金額（購入した株価）に対して、株主が1年間でどれだけの配当を受けることができるかを示す数字で、「1株あたりの年間配当÷株価×100」で求められます。配当利回りは単純に「株式利回り」と呼ばれることもあります。

株式の利回りがわかる配当利回り

株式益利回りは、1株あたりの純利益を株価で割った数字に100をかけたもので、株価の割安性を表しています。**割安性とは「企業の本来の価値よりも、安い価格がついている可能性」です。つまり、実態よりも割安な株式を購入することで、値上がりしたときに得られる利益が大きくなります。**購入した株式からどれだけお金を得られるかは、配当利回りをチェックすることで判断できますが、企業がどれだけ稼ぐ力を持っているかを知りたければ、株式益利回りもチェックしなければいけません。なお、企業が純利益の中から配当金をどれだけ支払っているかをパーセンテージで示したものを、**配当性向**と呼びます。**日本の企業は昔から配当性向が低い傾向がありましたが、株主を重視するアメリカ的な考え方が日本にも浸透したため、近年は日本の企業においても配当性向が上がってきました。**

企業が稼ぐ力がわかる株式益利回り

検討します

株式益利回りは、1株あたりどれだけ会社が儲けたかを示します。企業が稼ぐ力を、株式益利回りから読みとることができるのです。

配当性向をもっと上げてください

税引き後利益から株主にどれだけ配当を払うかは企業が判断します。この配当の割合を配当性向といいます。従来の日本の企業は配当性向が低かったのですが、その状況は変わりつつあります。
株式益利回り＝1株あたりの税引き後利益÷株価×100

KEY WORD → ☑ 不動産投資、表面利回り、純利回り、年間純利益

14 不動産投資の利回りを計算してみよう

最近では一般の会社員でも不動産投資を始めている人が少なくありません。不動産投資でも利回り計算は必須です。

さまざまな投資の中で、**不動産投資**は堅実だといわれてきました。不動産投資とは、簡単にいえば不動産のオーナーになることです。何らかの不動産物件を購入して、それを第三者に貸せば家賃収入を得ることができます。まとまった資金がないとできないと思われがちですが、普通の会社員で不動産投資をする人も増えています。不動産投資を始めるなら、ほかの投資と同じく利回りに注目する必要があります。**不動産を購入した価格（取得価格、投下元本）に対して、家賃収入がどのぐらいなのかを表すのが表面利回りです。**

不動産のオーナーになって収益を得る

今日からオーナーだ！

不動産投資では、アパートやマンションのオーナーになって、家賃収入を得ることができます。

不動産投資の利回りで、賃貸収入のみで算出するのが、表面利回りです。
表面利回り＝年間賃貸収入÷投資金額×100

表面利回りは、家賃収入だけを計算に入れていますが、不動産投資には、それ以外にもさまざまなコストや収益が絡んできます。オーナー（投資家）側が支払わなければいけないコストとしては、管理料や固定資産税などがあります。家賃収入以外の収入としては、更新料などがあります。**こうしたあらゆるコストや収益を踏まえたうえで算出するのが、純利回りです。**表面利回りは年間家賃収入を投資金額で割って100をかけたものですが、純利回りは**年間純利益**を投資金額で割って100をかけたものです。年間純利益は年間の家賃収入から諸経費を引いて算出します。物件を売却したときには、値上がり、または値下がりも考慮します。1年あたりの値上がり、または値下がりの数値も年間純利益の中に加えて、そこから純利回りを計算します。

純利益から純利回りを算出する

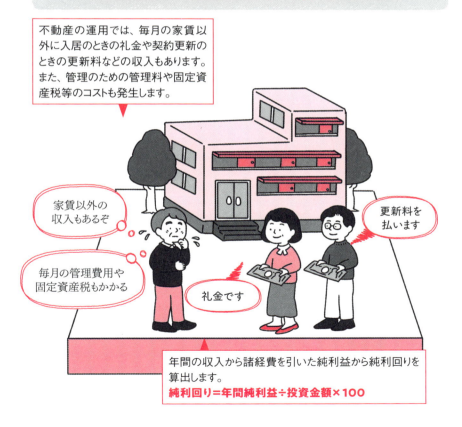

不動産の運用では、毎月の家賃以外に入居のときの礼金や契約更新のときの更新料などの収入もあります。また、管理のための管理料や固定資産税等のコストも発生します。

家賃以外の収入もあるぞ

毎月の管理費用や固定資産税もかかる

礼金です

更新料を払います

年間の収入から諸経費を引いた純利益から純利回りを算出します。
純利回り＝年間純利益÷投資金額×100

KEY WORD → ☑ 投資信託、基準価格、騰落率、信託報酬

15 「実質利回り」を導き出して投資信託を比較する

専門家に資産の運用を託す投資信託。投資信託を判断するうえでは、騰落率という数値などが参考になります。

投資信託は、複数の投資家から集めたお金を専門家が運用する金融商品です。他人にお金の運用を任せるのですから、どのぐらいの利回りになっているかしっかりとチェックしたいところです。**投資信託を評価するための基準としては、基準価格があります。基準価格は投資信託における株価のようなもので、1口あたりの価格を示しています。**金融商品の価格がどれだけ変化したかを示す**騰落率**も、投資信託がうまくいっているかどうかを判断するうえで重要な数値です。投資信託の運用レポートにも騰落率は必ず記載されます。

集めたお金をプロが運用する投資信託

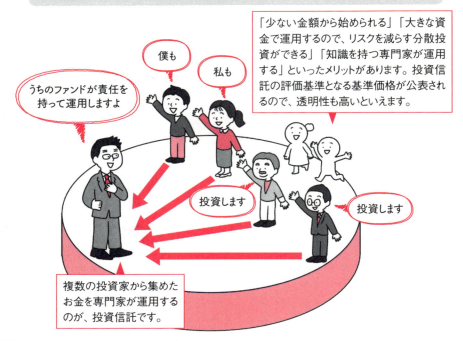

「少ない金額から始められる」「大きな資金で運用するので、リスクを減らす分散投資ができる」「知識を持つ専門家が運用する」といったメリットがあります。投資信託の評価基準となる基準価格が公表されるので、透明性も高いといえます。

うちのファンドが責任を持って運用しますよ

僕も / 私も / 投資します / 投資します

複数の投資家から集めたお金を専門家が運用するのが、投資信託です。

騰落率と利回りは似た指標ですが、違いがあります。利回りは通常、1年間の期間で計算しますが、投資信託の騰落率は1カ月、3カ月、6カ月、1年、3年、5年といった期間で表示するのです。なお、投資信託の利回りを計算するうえで、手数料などのコストを忘れてはいけません。投資信託の購入時にはそれなりの金額の手数料が発生しますし、投資信託を管理・運用するための経費として**信託報酬**も支払わなければいけません。投資信託を保有している間、信託報酬をずっと払い続ける必要があります。**投資信託の実質利回りを計算するには、運用で得られたお金から信託報酬を引き、さらに購入手数料（いずれも1年あたり）を引くと、得られた1年あたりの収益がわかります。**このようにして1年あたりの実質的な利回りを出せば、ほかの資産運用と比較することが可能になるのです。

1年あたりの利回りを算出する

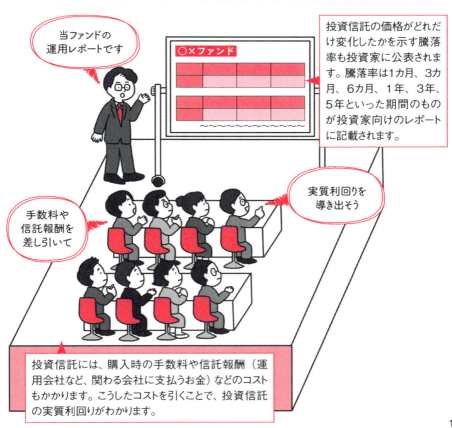

column No.6

時代の変化を映し出すさまざまな税金

　日本の金利の始まりとして「出挙」を紹介しましたが、権力者が市民に対して強制的に種籾を貸し付け、高い利子をとるという性格から、のちの租税のしくみにつながっていったという説も存在します。

　税は時代の変化とともに移り変わり、現在ではおよそ50もの種類が存在します。所得税や住民税など、家計と密接に関わっている税はよく知られていますが、50種類の中には、多くの人にとってあまりなじみのないものも含まれています。

たとえば「ゴルフ場利用税」は、普段ゴルフをプレーしない人にとっては縁がないかもしれません。それぞれの自治体がゴルフ場の等級と金額を定めて徴収する、地方税です。温泉施設を利用するときに「入湯税」が発生するのは、特に外国人観光客には驚かれるようです。

　時代とともに変化した税といえば、かつてはペットにも税金がかかっていたことがありました。1982年までは「犬税」なるものが存在し、犬種によって税率に差をつける自治体もあったとのこと。1879年まで存在していた「ウサギ税」は、明治初期に起こったウサギの爆発的な流行「ウサギバブル」の熱を冷ますために導入されたようです。

　グローバル化が進み、国境を超えた経済活動が当たり前になっている現在、国際的な税のルールを設けようとする動きも出てきています。税金の種類やしくみの変化は、その時々の社会の状況を映し出しているといえるかもしれません。

金利の推移と
ほかのマーケットとの
関連をチェックしよう!

日々の金利の動きを、密接に関わり合うほかのマーケットとの動きと合わせてチェックしてみましょう。

1 監修者・角川総一のオフィシャルサイト(http://data.s-kadokawa.com/)にアクセスし、トップページの「経済金融データ」をクリックします。

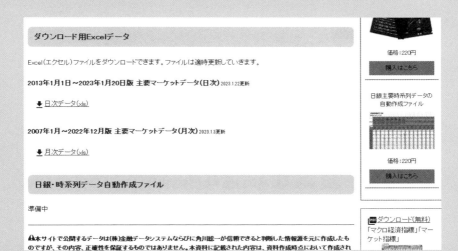

❷ 「ダウンロード用 Excel データ」のメニューから「日次データ（xls）」または「月次データ（xls）」をクリックすると、Excel ファイルがダウンロードできます。

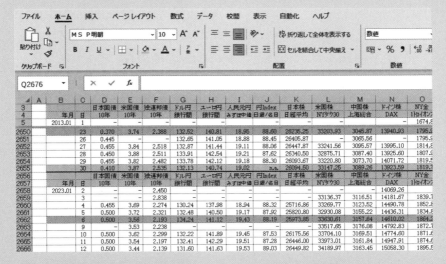

❸ 日本、アメリカ、ドイツの 10 年国債利回りの推移と、ほかの主要マーケットの動きをひと目でチェックすることができます（画像は日次データ）。

おわりに

複雑なお金の問題に
金利という相棒を

　数ある書籍の中から、『経済の動きが100％わかるようになる！ 金利のしくみ見るだけノート』をお読みいただき、ありがとうございました。

　この本では、金利とは何かといった基本的な解説から、経済全体の流れと金利の動きの関係性、そしてビジネスや毎日の暮らしに金利のしくみを活用する方法などをご紹介しました。最後までお読みになった皆様であれば、お金が関わっているさまざまな場面において、金利のしくみが重要な役割を果たしているということを実感していただけたのではないでしょうか。

　投資ブームの高まりや物価の高騰など、お金をめぐる話題は近ごろ大きな盛り上がりを見せています。「お金に強くなりたい」「これからのビジネス環境を先読み

したい」と行動を始めても、たくさんの情報の中で、判断に迷ってしまうことも多いかもしれません。そんなときにはぜひ、金利のしくみを大いにご活用ください。

この本の中でもご紹介したように、金利はあらゆる経済指標と密接に結びついていて、さらには、ほかの経済指標よりも「変化を察知するのが早い」という特徴があります。「今、どんな金融商品を選んだらよいのか」「物価はこの先どうなっていくのか」などといったお金に対する疑問や不安には、金利がその答えを示してくれるかもしれません。

金利のしくみと活用方法を身につけた皆様の、新しい人生のスタートを、心よりお祝い申し上げます。

角川総一

KEY WORD 索引

数字・アルファベット

4K1B 図	62
5 年ルール	148
10 年国債	32
10 年国債利回り	118
100 円あたりの価格	74
125％ルール	148
FRB	100

あ行

預け入れ期間	22
アベノミクス	98
イールドカーブ	120
一括前納	164
インカムゲイン	78
インフレ	102
インフレ率	50
円安	58

か行

外貨預金	154
外国為替	24
外国債券	58
改正貸金業法	160
格付会社	108
家計	112
貸出金利	40,110
過払い金	160
株価主導	54
株式益利回り	172
借り入れ	56
借り換え返済	152
為替市場	58
為替相場	60
為替レート	60
元金	18
元本	18
機会収益の逸失リスク	156
機械受注	140
機関投資家	106

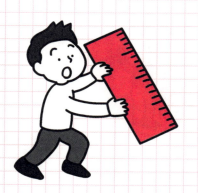

基軸通貨	100
基準価格	176
期待インフレ率	132
期待実質成長率	132
既発債	76
逆イールド	120
キャピタルゲイン	78
金融緩和	96
金融政策	94
金融政策決定会合	136
金融政策サイクル	122
金融政策ヒモ理論	96
金融引き締め	96
金利主導	52
金利と債券価格の関係	80
金利敏感銘柄	56
繰り上げ	48
繰り上げ返済	150
グロース株	56
景気サイクル	122
景気の先行指標	130
景気のバロメーター	128
景気を読む	66
経済指標	66
経済・物価情勢の展望	136
現物取引	138
鉱工業生産	140

口座維持手数料	170
公定歩合	46
国債	72
国債買いオペ	46
固定金利	30
固定金利型	148
コール金利	26
コール市場	26

さ行

債券	54
債券市場	26
債券相場	106
債券利回り	72
最終利回り	78
財政赤字	104
財務緊縮	124

財務省	26
先取り	84
先物取引	138
差金決済方式	138
サブプライムローン問題	72
資金需要	110
資金循環勘定	42
私設債券	74
質屋営業法	160
実質金利	50
実質GDP 1次速報	140
社債スプレッド	126
社債利回り	118
住宅バブル	64
住宅ローン	24
順イールド	120
純利回り	174
少数派	44
消費者金融	160
消費者物価指数	140
信託報酬	176
新発債	76
信用サイクル	122
スタビライザー機能	40
政策金利	26,118
政府短期証券	104
世界の中央銀行	100
節約	48
ゼロ金利政策	96
先行指標	84

た行

対照的	52
短期金利	32
単利	28
中央銀行	94
長期金利	32
長短金利差	130
定期預金	22
適格担保	82
適用金利の見直し	32
デフォルト	108
デフレマインド	48

当座預金	46
投資信託	176
騰落率	176

な行

内部留保	98
日銀短観	140
日銀の影響力	98
日銀の庭先	132
日本銀行	26
日本銀行法	94
日本国債の利回り推移	86
日本証券業協会	86
日本の金利	134
ネット銀行	162

年間純利益	174
年利回り	74

は行

ハイテク成長株	56
配当性向	172
配当利回り	172
発行市場（プライマリー市場）	76
バランスシート	150
バリュー株	56
百貨店友の会積立	166
表面利回り	174
フィンテック	162
複利	28
不足金融機関	46
普通国債残高	104
普通預金	22
不動産投資	174
フラットイールド	120
変動金利	30
変動金利型	148
ポイント還元	168
ポイントサービス	34

ま行

マーケットメカニズム	44
マイナス金利	170

マイナス利回り ─────── 82

名目金利 ─────── 50

名目GDP ─────── 132

や行

輸入品 ─────── 60

良い金利上昇 ─────── 92

要人発言 ─────── 142

預金金利 ─────── 40

預金保険制度 ─────── 154

余資金融機関 ─────── 46

ら行

利上げ ─────── 102

リーマンショック ─────── 64

利子 ─────── 18

リスクオフ ─────── 124

リスクオン ─────── 124

リスク資産 ─────── 112

リスクプレミアム ─────── 108,132

利息 ─────── 18

リボ払い ─────── 158

利回り ─────── 20

流通市場（セカンダリー市場） ─────── 76

両建て ─────── 42

旅行積立 ─────── 166

利率 ─────── 18

レバレッジ ─────── 124

わ行

割引 ─────── 34

割引率 ─────── 168

悪い金利上昇 ─────── 92

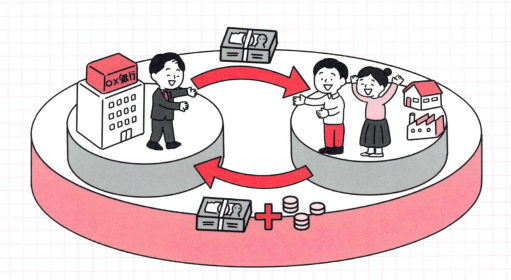

主要参考文献

図解 身近な「金利」と「お金」のことが3時間でわかる本
角川総一 著（明日香出版社）

金利が上がらない時代の「金利」の教科書
小口幸伸 著（フォレスト出版）

金利「超」入門 あなたの毎日の生活を守るために知っておくべきこと
美和卓 著（日本経済新聞出版社）

すみません、金利ってなんですか？
小林義崇 著（サンマーク出版）

No.1エコノミストが書いた世界一わかりやすい金利の本
上野泰也 著（かんき出版）

改訂版 金利を見れば投資はうまくいく
堀井正孝 著（クロスメディア・パブリッシング）

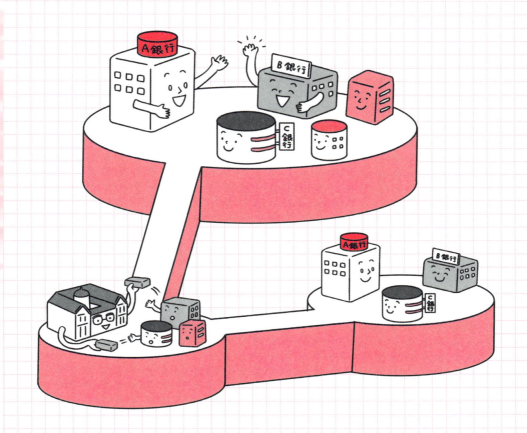

● STAFF

編集	丹羽祐太朗、細谷健次朗（株式会社 G.B.）
執筆協力	村沢譲、野村郁朋、龍田昇、堀江翼、三ツ森陽和、吉川はるか
本文イラスト	しゅんぶん
カバーイラスト	ぷーたく
カバー・本文デザイン	別府 拓、奥平菜月（Q.design）
DTP	ハタ・メディア工房株式会社

監修 角川総一（かどかわ そういち）

1949年生まれ。証券関係専門紙を経て、1985年に株式会社金融データシステムを設立、代表取締役に就任。日本初の投信データベースを管理・運営。マクロ経済から個別金融商品まで幅広い分野をカバーするスペシャリストとして、各種研修、講演、テレビ解説のほか、FPなど通信教育講座の講師としても活躍。『為替が動くとどうなるか』（明日香出版社）、『金融データに強くなる 投資スキルアップ講座』（日本経済新聞社）、『なぜ日本の金利は常に米国より低いのか』『日本経済新聞の歩き方』（ともにビジネス教育出版社）など著書多数。

経済の動きが100％わかるようになる！
金利のしくみ見るだけノート

2023年3月3日　第1刷発行

監　修　　角川総一

発行人　　蓮見清一
発行所　　株式会社 宝島社
　　　　　〒102-8388
　　　　　東京都千代田区一番町25番地
　　　　　電話　営業：03-3234-4621
　　　　　　　　編集：03-3239-0928
　　　　　https://tkj.jp

印刷・製本　サンケイ総合印刷株式会社

本書の無断転載・複製を禁じます。
乱丁・落丁本はお取り替えいたします。
©Soichi Kadokawa 2023
Printed in Japan
ISBN 978-4-299-03934-7